hermanita Alba.
Con inmenso cariño y
amor. besos
Jairo - Gloria - Fatis
sep. 21/06

Colección
MENSAJES

AUTORES VARIOS

SALMOS EXPLICADOS
PARA EL PUEBLO, LOS, *5a. reimp.*

EMILIO L. MAZARIEGOS

ALAS DE ÁGUILA, *3a. reimp.*
AMOR HERIDO, DE, *3a. reimp.*
AVENTURA APASIONANTE
DE ORAR, LA, *3a. reimp.*
ENCUENTRO A SOLAS CON DIOS, *4a. reimp.*
EN ÉXODO CON MARÍA, *2a. reimp.*
ESOS TUS OJOS, *2a. reimp.*
FUEGO JOVEN DE JESÚS, EL, *2a. reimp.*
HACE FALTA UNA FLOR, *2a. reimp.*
HUELLAS DEL MAESTRO, LAS, *4a. reimp.*
PARÁBOLA DE UNAS ALAS, *5a. reimp.*
SALMOS DE UN CORAZÓN JOVEN, *4a. reimp.*
SEDUCIDO POR EL CRUCIFICADO, *4a. reimp.*
PEREGRINO DEL ABSOLUTO, *3a. reimp.*

EMILIO L. MAZARIEGOS
ANTONIO BOTANA

ORAR A PIE DESCALZO, *3a. reimp.*

IGNACIO LARRAÑAGA

DEL SUFRIMIENTO A LA PAZ, *15a. reimp.*
HERMANO DE ASÍS, EL, *6a. reimp.*
ITINERARIO HACIA DIOS, *2a. reimp.*
MUÉSTRAME TU ROSTRO, *6a. reimp.*
POBRE DE NAZARET, EL, *8a. reimp.*
ROSA Y EL FUEGO, LA, *1a. reimp.*
SALMOS PARA LA VIDA, *8a. reimp.*
SILENCIO DE MARÍA, EL, *13a. reimp.*
SUBE CONMIGO, *9a. reimp.*

MARINO PURROY

CÓMO SUPERAR EL DOLOR, *9a. reimp.*

CARLOS G. VALLÉS, S.J.

AL ANDAR SE HACE CAMINO, *4a. reimp.*
AUTENTICIDAD, *5a. reimp.*
BUSCO TU ROSTRO, *3a. reimp.*
CUÉNTAME CÓMO REZAS
«CRECÍA EN SABIDURÍA...», *2a. reimp.*
DEJAR A DIOS SER DIOS, *4a. reimp.*
DIEZ AÑOS DESPUÉS
ESTAD SIEMPRE ALEGRES
JÓVENES NOS EVANGELIZAN, LOS, *2a. reimp.*
LIGERO DE EQUIPAJE, *6a. reimp.*
MI ÁNGEL Y YO, *4a. reimp.*
MI VIDA EN SIETE PALABRAS, *6a. reimp.*
MIS AMIGOS, LOS SENTIDOS, *2a. reimp.*
NO TEMAS
OJOS CERRADOS, OJOS ABIERTOS, *2a. reimp.*
¿POR QUÉ SUFRO CUANDO SUFRO?, *2a. reimp.*
SABER ESCOGER, *3a. reimp.*
SIGLO NUEVO, VIDA NUEVA
TESTIGOS DE CRISTO
EN UN MUNDO NUEVO, *3a. reimp.*
TRANSPARENCIA, *5a. reimp.*
VIVIR CON ALAS, *3a. reimp.*
Y LA MARIPOSA DIJO..., *4a. reimp.*
SALIÓ EL SEMBRADOR, *2a. reimp.*

DANILO ANTONIO MEDINA

Nuestro corazón ardía, *1a. ed.*

Carlos G. Vallés

Salió el sembrador...

SAN PABLO

Carlos González Vallés *nació en España en 1925, ingresó en la Compañía de Jesús en 1941, y en 1949 fue destinado a la India donde regentó la cátedra de Ciencias Exactas en la Universidad de San Javier, Ahmedabad, hasta su jubilación en 1985. Junto con su docencia universitaria entró en el campo de la literatura guyarati, en la que ha publicado numerosos libros que le ganaron en 1979 la concesión de la medalla de oro Ranjitram, el mayor galardón literario en esa lengua.*
Durante muchos años vivió como huésped ambulante, mendigando hospitalidad de casa en casa en los barrios pobres de Ahmedabad. Eso le proporcionó un conocimiento directo y una experiencia valiosa del modo de vivir y entender la vida de hindúes, mahometanos, jainistas, budistas, parsis y animistas que se dan cita en esa ciudad cosmopolita. Esa experiencia enriqueció su propia cultura y pensamiento, y le inspiró para escribir libros en inglés y en castellano para fomentar, de acuerdo con la enseñanza del Concilio Vaticano II, el encuentro de las culturas.
Después de su jubilación continúa residiendo en la India, desde donde sale anualmente para giras de conferencias y cursos en diversos países, entre los que se cuentan, con predilección, los de Latinoamérica.

Título
Salió el sembrador

Autor
Carlos G. Vallés

St. Xavier's College
380009 Ahmedabad-India
E-mail: cgv@jet.es

Carrera 46 No. 22A-90
Tel.: 3682099 - *Fax*: 2444383
Barrio Quintaparedes
E-mail: spdiredit@andinet.com

Impresor
Sociedad de San Pablo
Calle 170 No. 23-31
Bogotá - Colombia

ISBN
958-607-932-5

2a. reimpresión, 2002
Queda hecho el depósito legal según
Ley 44 de 1993 y Decreto 460 de 1995

Distribución: Departamento de Ventas
Calle 18 No. 69-67
PBX: 4114011
Fax: 4114000 - A.A. 080152
E-mail: spdircom@col1.telecom.com.co

BOGOTÁ- COLOMBIA

Erase una vez...

Este libro me lo pidió mi editor en «Sal Terrae», Jesús García-Abril. «Carlos», me dijo, «tienes que escribir un libro de cuentos como Tony de Mello. Escribe tu *'Canto de pájaro'* o como mejor quieras llamarlo. Hazlo a su tiempo y a tu manera, pero no dejes de hacerlo. Piensa y dímelo. Lo espero». Yo respeto profundamente a mis editores, no sólo porque de su beneplácito depende la existencia de mis libros, sino porque suelen tener un fino sentido de los gustos de los lectores y de las posibilidades del escritor, y una indicación oportuna por su parte puede señalar el nacimiento de un libro acertado. Y en este caso, además, sabía yo de entrada que el editor tenía razón.

Sé la importancia del cuento, la belleza de la alegoría, la inocencia de una comparación, la sonrisa de una anécdota, la chispa de un chiste, la profundidad de una parábola. Decirlo todo sin decir nada, entretener sin comprometer, abrir ventanas sin forzar a mirar, pasar un buen rato y cambiar quizá una vida. A fuerza de leer y hablar en público y escribir en otras lenguas, ya tenía yo un nutrido archivo mental de experiencias y episodios que pronto podían ser el libro pedido. Yo mismo había pensado en la tarea, pero me había detenido un pensamiento: aunque mis libros eran y son independientes y muy personales, las circunstancias me habían llevado a trabajar un poco a la sombra de Tony, y escribir un libro de cuentos para lectores que han disfrutado con *«El canto del pájaro»* y *«La oración de la rana»* podía parecer competencia, imitación, descaro o deseo ambicioso de aprovechar el éxito ajeno para fomentar el propio. Por eso me detuve.

Brahms tardó veinte años desde que empezó a componer su primera sinfonía hasta que la publicó, y el retraso se debió al peso de la sombra de Beethoven sobre el complicado, introvertido, perfeccionista y acomplejado Brahms. ¿Quién podía atreverse a escribir una sinfonía después de la novena de Beethoven, obra maestra de la música de todos los tiempos? Nada era posible después de la perfección última del genio supremo. A Brahms le tocó venir inmediatamente detrás, y sufrió con su posición histórica. Se debatió consigo mismo, dudó, compuso, suprimió, añadió, cambió, borró, corrigió, archivó, esperó y, al final, publicó su ansiada y atormentada sinfonía. Y es una gran obra por mérito propio, y de carácter enteramente personal y radicalmente distinto. Un sentimiento parecido, aunque no tan trágico, me hizo esperar instintivamente a mí y a mis cuentos. Pero no voy a esperar veinte años. Aquí están ya.

He disfrutado escribiendo este libro, quizá más que con ningún otro de todos los que he escrito. Es mucho más divertido contar un cuento que trabajar todo un volumen. Me aligera el ánimo el dejar por esta vez el tono serio del ensayo, despreocuparme de la conexión de los capítulos, olvidar la trama exigente de un tema único, la lógica de la argumentación, la gradación de las ideas, la tesis a probar, y dejar libre la imaginación, el humor, la curiosidad, el duende que hay en mí, para entregarme alegremente al gesto misterioso, al goce infantil, al guiño travieso y al eterno encanto de las palabras mágicas: «Erase una vez...».

Carlos G. Vallés, S.J.
St. Xavier's College
Ahmedabad 380009
India

¿Estás dispuesto?

Este primer cuento, como todos los demás, me lo cuento yo a mí mismo. No lo propongo como maestro, sino como discípulo. Quiero recordarme a mí mismo la clave del aprender, que es el estar abierto, el dejarse impactar, el acoger ideas y personas y situaciones y novedades con la hospitalidad generosa de una mente universal, el liberarse en lo posible de miedos y precauciones y rutinas y prejuicios, y dejar que las brisas de cualquier dirección y de cualquier origen se paseen libremente por los jardines del alma. Curiosidad, interés, aventura y humor son los ingredientes de la sabiduría. Mantener abiertas las puertas del deseo para los comensales de la fiesta de la vida. Este es el breve cuento:

Un recién venido le preguntó
al sufí Jalaluddín Rumi:
«Maestro, ¿estáis dispuesto a enseñarme?» .
A lo que el maestro,
mirándolo a los ojos, contestó:
«¿Estás tú dispuesto a aprender?».

Pregunta que rasga el alma con claridad deslumbradora. ¿No ha sido bastante el venir a buscar al maestro, el aguardar turno, el pensar la pregunta, el formularla, el esperar? ¿No ha bastado con tomar el libro, con buscar la cita, con leer largamente, con enterarse, con anotar y comentar y recordar? ¿No es testigo suficiente una vida de búsqueda, el trabajo, la meditación, los silencios, las oscuridades, las esperas y la ilusión? ¿No dice todo mi ser siempre y mi presencia hoy que sí, que quiero, que busco, que a eso he venido y eso deseo con todo el fervor de mi alma en la urgencia de mi voz? ¿Estáis dispuesto a enseñarme, maestro?

Pero ¿estoy yo dispuesto a aprender? ¿O es mera curiosidad superficial lo que hay en mí? Mera rutina, mero seguir lo que dicen otros, mero querer parecer enterado, decir que ya lo sé, que ya estoy en ello, que ya lo he visto, que ya lo he leído, y que está bien, que es divertido e interesante, pero que yo me quedo como estoy, pues ya me lo sabía más o menos; y sí, claro que seguiré buscando y procurando y viendo a ver cuándo encuentro una luz definitiva que cambie mi vida y me levante a niveles más altos del ser, pero por ahora no hay nada que hacer. ¿Voy de veras o sólo a medias? ¿Me entrego o regateo? ¿Abro las ventanas de par en par o dejo sólo un pequeño resquicio para poder decir que llega el aire de fuera, aunque la habitación no llegue a ventilarse?

Razón tengo para cuestionarme a mí mismo. Si no, ¿por qué a veces me sucede que he leído un cuento y no me ha hecho impresión ninguna, y vuelvo a leerlo años después y me sacude y me electriza de repente con fuerza insospechada hasta el fondo de mi ser y se me graba en la memoria y me obsesiona días y meses con su ineludible moraleja? El cuento era el mismo, pero yo no. Yo estaba cerrado antes en aquella dirección y no vi nada, mientras que ahora había bajado las defensas, me había quitado la máscara protectora, y la flecha ha volado en línea recta y ha dado en el blanco. ¿Por qué un cuento impresiona a una persona, y a otra, que parecía muy cercana y semejante a la primera, no le dice nada? ¿Por qué la primera vez que leí a cierto autor lo descarté con evidente desinterés a las pocas páginas, y años más tarde se convirtió en mi autor favorito? No me juzgo a mí mismo, y menos a otros, pero sí sé algo de las resistencias, las defensas, los escapes y subterfugios que pone en juego mi subconsciente para librarse de tener que aceptar nuevas ideas, adoptar nuevas actitudes, probar nuevas rutas. El maestro lo sabe, y por eso hace esa única y certera pregunta que es examen y condición para aceptar al candidato: ¿estás dispuesto a aprender?

Mucho he resistido a la luz, y por eso quiero ahora exponerme a la claridad compasiva de cuentos y leyendas, de historias y parábolas que lo dicen todo sin decir nada, que no discuten ni arguyen, que no deslumbran ni demuestran nada, pero abren con una sonrisa regueros de sol para quien quiera ver y caminos de verdad para quien quiera andar, y en todo caso destellos de sabiduría para quien quiera entretenerse con el saber de los siglos.

El mundo entero es una parábola que está dispuesta a enseñarme. ¿Estoy dispuesto a aprender?

La estrella escondida

Las estrellas celebraron su asamblea,
y cada una sacó a relucir,
como saben hacer relucir las estrellas,
sus propios méritos en la creación y en la vida
del hombre, rey de la creación.
La estrella polar demostró cómo ayudaba
a los hombres a fijar el norte
de sus caminos y de sus mapas;
el sol describió el calor, la luz,
la vida que hacía llegar
a todos los hombres y mujeres de la tierra;
una estrella poco conocida reveló que ella fue
la que confirmó la teoría de Einstein
cuando pasó oportunamente tras el sol
durante un eclipse, y con ello
hizo un gran servicio a la ciencia;
y otras mencionaron los nombres
que se habían hecho famosos
y los descubrimientos a que habían dado lugar.

Cada una tenía algo que decir,
y rivalizaban en fama y esplendor.

Sólo una pequeña estrella, remota y escondida,
permanecía callada en la asamblea celestial.
No se le ocurría nada que decir.
Cuando le llegó el turno y hubo de hablar,
confesó que ella nada había hecho
por el cosmos o por el género humano,
y que los hombres y mujeres de la tierra
ni siquiera la conocían,
pues aún no la habían descubierto.
Las demás estrellas se rieron de ella
y la tacharon de inútil, perezosa
e indigna de ocupar un sitio en el firmamento.
Las estrellas están para alegrar el cielo,
y ¿de qué sirve una estrella
que ni siquiera se sabe que existe?

La pequeña estrella escuchaba todos
los reproches que le dirigían sus hermanas,
y algo se le ocurrió mientras hablaban,
y lo dijo al final:
«¿Quién sabe?», dijo parpadeando suavemente,
«a lo mejor yo también estoy contribuyendo,
a mi manera, al progreso y bienestar
de hombres y mujeres en la lejana tierra.
Es verdad que no me conocen,
pero ellos no son tontos,
y sus cálculos les dicen que para explicar
el curso de otras estrellas
y cuerpos celestes que conocen,
tiene que haber todavía alguna otra estrella

que con su atracción gravitatoria
explique las desviaciones
en los caminos de las demás.
Por eso continúan estudiando, observando
y buscando, y con ello avanza su ciencia
y continúa despierto su interés».
Las otras estrellas se habían callado
mientras hablaba, y ella tomó ánimos
con su silencio y añadió algo al final
que hizo pensar a todas:
«No es que yo quiera anteponerme a nadie,
y tenéis mucho mérito todas
con lo que habéis hecho
por los hombres y mujeres de la tierra;
pero creo que yo también
les estoy prestando un servicio importante:
que sepan que aún les queda algo por descubrir».

Bello mensaje. Aún nos quedan estrellas por descubrir. Aún quedan cielos por explorar y aventuras por emprender y pensamientos por ensayar y experiencias por aceptar. Que nadie crea que ha llegado al límite, que lo sabe todo, que el mapa está completo. En el mapa espiritual de nuestro interior sigue habiendo una *Terra incognita* como en los mapas medievales, llena de dragones y sirenas, que da interés a la vida al dejar abierto el mundo. El mayor favor que nos pueden hacer es hacernos saber que aún nos quedan estrellas por descubrir.

En mi clase de matemáticas en la universidad me preguntó una vez un estudiante inteligente, pero inocente en demasía: «¿Cuántos teoremas hay en geometría?». Yo me eché a reír de buena gana en mitad de la clase. Aquel chico creía, y muchos con él, que la geometría era un coto limitado, un programa fijo, una ciencia completa, y que sus teoremas se podían contar como quien cuenta los días del año o los árboles de un huerto. Tantos, y ni uno más. Quería calcular el buen muchacho cuánta parte de la geometría llevaba ya estudiada y cuánta le faltaba por ver, y no hacía la pregunta en relación al programa para el examen, sino a la ciencia de la geometría como tal, en su totalidad. «¿Cuántos teoremas hay en geometría?». Se pueden contar los teoremas que hay en el tratado de los «Elementos» de Euclides, pero la geometría ha viajado mucho desde entonces, y seguirá viajando con resultados nuevos y teoremas insospechados. Siempre quedan estrellas por descubrir. Y en eso está la belleza, el encanto, el atractivo del saber que nunca se acaba.

Stephen Hawking ha dicho repetidas veces que, cuando se descubra por fin cómo comenzó el mundo, se acabará la física, porque ya no habrá más que descubrir. Se equivoca el sabio. La física no se acabará nunca porque nunca se agota el entendimiento humano y la inteligibilidad de la materia. Nos esperan sorpresas cósmicas, y la capacidad de seguir buscando, es lo que da sentido al esfuerzo y vigor a la vida. Triste sería volver en vida la última página de libro del saber.

En mi vida y experiencia religiosa me hizo daño, durante una etapa triunfalista, el creer que ya lo sabía todo. Miembro fiel de la mejor religión del mundo, formado a conciencia en una orden religiosa de gran prestigio, estudiante cuidadoso de todas las ciencias sagradas que se enseñaban con autoridad y se aprendían con firmeza, podía yo definir cada dogma, calibrar cada acción moral, juzgar cada conciencia, interpretar cada escritura. Tenía respuesta para cualquier pregunta, solución para cualquier problema. Y me gloriaba de ello. No en vano había estudiado tantos años en aulas tan célebres. Creía haber agotado todos los teoremas de la geometría.

Poco a poco me llegaron los ecos de la estrella lejana. Contacto con la realidad, vida en la India, otras religiones, amigos ateos, limitaciones patentes, horizontes nuevos. Mi mapa, por bello y cuadriculado que fuera, no cubría aquellos territorios. Quedaban regiones por explorar, quedaban cielos por surcar, quedaban estrellas por descubrir. Feliz momento en mi vida cuando caí en la cuenta de que aún me quedaba mucho por saber, por ver, por sentir, por disfrutar. Volví a ser alumno en la escuela del vivir.

Mucho debo a todas las estrellas que han aparecido en mi firmamento a través de los años. Pero quizá a la que más deba es a esa pequeña estrella, remota y traviesa, alegre y humilde, anónima y querida, que sigue jugando al escondite con la lente de mi telescopio. Y sigo buscando.

Rana de pozo

En un pozo profundo
vivía una colonia de ranas.
Llevaban su vida, tenían sus costumbres,
encontraban su alimento y croaban a gusto
haciendo resonar las paredes del pozo
en toda su profundidad.
Protegidas por su mismo aislamiento,
vivían en paz, y sólo tenían que guardarse
del pozal que, de vez en cuando,
alguien echaba desde arriba
para sacar agua del pozo.
Daban la alarma en cuanto oían el ruido
de la polea, se sumergían bajo el agua
o se apretaban contra la pared, y allí
esperaban, conteniendo la respiración,
hasta que el pozal lleno de agua
era izado otra vez y pasaba el peligro.

Fue a una rana joven a quien se le ocurrió
pensar que el pozal podía ser

una oportunidad en vez de un peligro.
Allá arriba se veía algo así
como una claraboya abierta,
que cambiaba de aspecto
según fuera de día o de noche,
y en la que aparecían sombras y luces y formas
y colores que hacían presentir que allí
había algo nuevo digno de conocerse.
Y, sobre todo, estaba el rostro con trenzas
de aquella figura bella y fugaz que aparecía
por un momento sobre el brocal del pozo
al arrojar el cubo y recobrarlo
todos los días en su cita sagrada y temida.
Había que conocer todo aquello.

La rana joven habló,
y todas las demás se le echaron encima:
«Eso nunca se ha hecho.
Sería la destrucción de nuestra raza.
El cielo nos castigará.
Te perderás para siempre.
Nosotras hemos sido hechas para estar aquí,
y aquí es donde nos va bien
y podemos ser felices. Fuera del pozo
no hay más que destrucción absoluta.
Que nadie se atreva a violar
las sabias leyes de nuestros antepasados.
¿Es que una rana jovenzuela de hoy
puede saber más que ellos?».

La rana jovenzuela esperó pacientemente
la próxima bajada del pozal.
Se colocó estratégicamente,
dio un salto en el momento

en que el pozal comenzaba a ser izado
y subió en él ante el asombro
y el horror de la comunidad batracia.
El consejo de ancianos excomulgó
a la rana prófuga y prohibió
que se hablara de ella.
Había que salvaguardar la seguridad del pozo.

Pasaron los meses sin que nadie
hablara de ella y nadie se olvidara de ella,
cuando un buen día se oyó un croar familiar
sobre el brocal del pozo,
se agruparon abajo las curiosas y vieron
recortada contra el cielo
la silueta conocida de la rana aventurera. A su lado
apareció la silueta de otra rana, y a su alrededor se agruparon
siete pequeños renacuajos.
Todas miraban sin atreverse a decir nada,
cuando la rana habló:
«Aquí arriba se está maravillosamente.
Hay agua que se mueve, no como allá abajo,
y unas fibras verdes y suaves que salen del suelo
y entre las que da gusto moverse,
y donde hay muchos bichos pequeños
muy sabrosos y variados,
y cada día se puede comer algo diferente.
Y luego hay muchas ranas
de muchos tipos distintos,
y son muy buenas, y yo me he casado
con ésta que está aquí a mi lado,
y tenemos siete hijos y somos muy felices.
Y aquí hay sitio para todas,

porque esto es muy grande y nunca
se acaba de ver lo que hay allá lejos».

De abajo, las fuerzas del orden
advirtieron a la rana que, si bajaba,
sería ejecutada por alta traición;
y ella dijo que no pensaba bajar,
y que les deseaba a todas que lo pasaran bien,
y se marchó con su compañera
y los siete renacuajos.

Abajo en el pozo hubo mucho revuelo,
y hubo algunas ranas
que quisieron comentar la propuesta,
pero las autoridades las acallaron enseguida,
y la vida volvió a la normalidad de siempre
en el fondo del pozo.

Al día siguiente, por la mañana,
la niña de las trenzas rubias se quedó asombrada
cuando, al sacar el cubo con agua del pozo,
vio que estaba lleno de ranas.

En sánscrito hay una palabra compuesta para designar a una persona estrecha de miras que se conforma con oír lo que siempre ha oído y hacer lo que siempre ha hecho, lo que hace todo el mundo y lo que, según parece, han de hacer todos los que quieran seguir una vida tranquila y segura. La palabra es «rana-de-pozo», *(kupmanduk)*, y ha pasado del sánscrito a las lenguas indias modernas, en las que se usa con el mismo sentido. A nadie le gusta que se la digan.

Aun así, el mundo está lleno de pozos, y los pozos llenos de ranas. Y niñas con trenzas rubias siguen llevándose sustos de vez en cuando por la mañana.

Informe espacial

Informe de la tripulación de la nave espacial procedente de la Vía Acuea al final del estudio telemétrico realizado sobre el planeta Tierra con vistas a establecer un contacto inter-cultural si éste se consideraba posible y favorable:

Hemos llevado a cabo la exploración
que se nos encargó, y hemos podido
observar de cerca sin ser observados,
gracias a nuestras cortinas supersónicas,
la superficie entera del planeta Tierra
y los cambios que tienen lugar en ella,
cambios que creemos son debidos
a su mayor o menor distancia
de la estrella central de su sistema,
de la que recibe luz y calor.
Después de observaciones y pruebas repetidas,
hemos llegado a la conclusión de que existe
vida vegetal y animal en el planeta Tierra,
y hay en él una gran variedad de seres vivos

que hemos pasado a estudiar con detalle.
La especie más influyente parece ser
la de unos bípedos de piel lisa que viven
en colonias con una rígida organización.

Los dichos seres habitan en hormigueros altos,
de forma generalmente rectangular,
con celdas individuales para cada subgrupo o,
en algunos casos, para cada individuo.
De esas celdas salen todos aproximadamente
a la misma hora, y aparecen revestidos
de caparazones de diversos colores,
aunque todos obedecen a un patrón general
que cambia con las estaciones.
Después entran en unas cápsulas de superficie
con cuatro ruedas que se agrupan
en líneas apretadas
a lo largo de canales cuidadosamente trazados
y avanzan lentamente durante largo rato
en direcciones contrarias, conducta extraña
cuya razón no hemos podido averiguar.
Esas maquinas producen grandes ruidos y humos,
que, según nuestras conjeturas basadas
en la frecuencia y cantidad de esos humos,
parecen ser la atmósfera
que necesitan respirar para sobrevivir,
y por eso la renuevan constantemente.
Por lo que toca a los ruidos también parecen
una comunicación prevocálica
destinada a mantener el contacto con el grupo
mientras cada individuo está en su cápsula.

Al cabo de un tiempo en el mismo día,
se invierte el proceso, y las cápsulas vuelven

a los hormigueros de donde habían partido.
Una vez en ellos, por lo que hemos
podido observar a través de las ventanas,
se acomodan ante una pequeña pantalla,
que no falta en ninguna celda,
y en la que aparecen
sombras y luces al mando de un botón.
Es posible que ésa sea
la manera que tienen de alimentarse,
y por eso no pueden pasarse sin ella.

Hemos estudiado con especial interés,
la forma que tienen de gobernar sus colonias.
La elección del cabeza de colonia es un proceso
largo y complicado que lleva mucho tiempo.
Durante una larga temporada en cada colonia,
toda la vida de la colonia parece concentrarse
en ese solo hecho, como si de él
dependiera el futuro de la colonia.
Esto contrasta con el hecho de que,
en cuanto hay un nuevo cabeza de colonia,
a nadie parece importarle nada,
y existe la convicción casi totalmente extendida
de que en el fondo todos son lo mismo.
No nos explicamos tal despliegue de energía
para una administración tan rutinaria.

Otro fenómeno extraño que hemos observado
es que con frecuente regularidad
se reúnen grandes multitudes de bípedos
en unos enormes anfiteatros escalonados
desde donde observan a un reducido número
de ellos que ejecutan rápidos movimientos,

difíciles de explicar,
en torno a un objeto, generalmente esférico,
de mayor o menor tamaño,
y dan muestras de gran excitación
mientras dura el extraño rito.
Quizá tenga alguna relación
con el ciclo sexual de la especie,
pero no hemos conseguido
confirmar esta hipótesis.

Lo más inexplicable de todo lo observado
es el hecho que hemos comprobado una y otra vez,
en medio de nuestro más aturdido asombro,
de que los dichos bípedos se atacan unos a otros
sin razón o motivo alguno
que parezca poder justificar la agresión,
y eso a veces entre individuos,
a veces entre grupos,
y a veces entre clanes enteros por largos períodos.
Nada hay en nuestros propios conceptos
que pueda explicar tan absurda conducta.

Por todas estas razones, pues,
hemos llegado a la conclusión definitiva
de que los bípedos de piel lisa
no son seres racionales,
que la inteligencia aún no se ha desarrollado
en el planeta Tierra, que tardará aún
muchas edades cosmológicas en aparecer,
y que, por consiguiente,
es inútil hablar de un contacto cultural
con los seres que hoy habitan la Tierra.
Nuestra misión ha terminado.

Siguen las firmas de todos los científicos de la nave espacial de la Vía Acuea y la fecha del informe, que, traducida a nuestro calendario, es la del año de la era cristiana en que feliz o ignorantemente vivimos. Ellos tuvieron un feliz viaje de vuelta. Una copia de su informe cayó sobre la superficie de la tierra, y ésa es la que queda aquí reproducida.

El puente inflexible

¿Por qué ha de llover cuando salgo con un traje nuevo? ¿Por qué me acatarro cuando más necesito trabajar? ¿Por qué hay huracanes y terremotos? ¿Por qué nos visita la muerte en los que más queremos y cuando menos lo esperamos? ¿No podía la naturaleza ser un poco más comprensiva, pensar en los que sufrimos los efectos de sus vientos y de sus microbios, acomodarse un poco a nuestra situación y evitarnos crisis innecesarias? Aceptamos las leyes generales para que funcione el universo, pero ¿no podía tenerse en cuenta nuestra situación concreta en cada caso y ahorrarnos sufrimientos personales que a nada conducen? ¿No podría retrasarse un poco la lluvia, moderarse los microbios, esperar la muerte? ¿No podría ser más madre la madre naturaleza?

Una experiencia y una reflexión de Rabindranath Tagore:

Un día en que yo navegaba bajo un puente,
el mástil de mi embarcación

tropezó con uno de los arcos.
Mejor hubiera sido para mí que el mástil
se hubiera inclinado unos cuantos centímetros,
o que el puente hubiera enarcado
su lomo como un gato,
o que el caudal del río hubiera decrecido un poco.
Pero ni uno ni otros hicieron nada
para evitar el encontronazo.
Y es precisamente por ello,
por la firmeza que cada cosa mantenía,
por lo que yo podía servirme del río
y navegar sobre él con ayuda del palo de mi barco,
y por lo que podía contar con el puente
cuando la corriente no era favorable.

Ese rigor inquebrantable de la realidad
suele obstaculizar nuestros deseos
y conducirnos al desastre,
lo mismo que la dureza del suelo resulta
inevitablemente dolorosa para el niño
que se cae cuando está aprendiendo a caminar.
Y, sin embargo, esa misma dureza que le lastima
es lo que hace que el niño
pueda caminar sobre el suelo[1].

Las leyes son las leyes, y el capricho crea el caos. La ley nos duele cuando es contraria a nuestros intereses inmediatos, pero nos ampara en el ámbito universal de nuestra existencia. Nos encantaría que el mástil se inclinara o el puente se arqueara y evitásemos ese choque que nos

1. Rabindranath Tagore, *Sádhana,* Editorial Afrodisio Aguado, Madrid, 1957, p. 100.

va a doler. Pero, si los mástiles se doblaran y los puentes se arquearan a voluntad de cualquiera, no podríamos navegar los mares ni cruzar los ríos. Más vale el encontronazo que nos recuerda, por dolorosamente que sea, que la creación tiene sus normas, y en respetarlas y aceptarlas está nuestra salvación. Todos nos hemos lastimado las rodillas al tropezar y caer de pequeños, y gracias a esos rasguños podemos hoy caminar y correr por los caminos de la vida, que sabemos aguantarán nuestro paso. Aceptar el todo, aunque a veces nos mortifiquen los detalles. Así funciona el universo.

Fuegos artificiales

En el Ramayana, cuando Sita,
arrebatada a su esposo,
está gimiendo sobre su triste suerte
en el palacio de oro de Rávana,
ve acercársele un mensajero que le muestra
un anillo de su Rama bienamado.
La vista del anillo basta para probar a Sita
que el mensaje es auténtico.
Adquiere la inmediata certeza
de que ese mensajero viene
de parte de su bienamado,
que éste no la olvida y se dispone a liberarla.

Una flor es también un mensajero
de nuestro gran amante.
En medio de todo el lujo fascinante del mundo,
comparable a la ciudad de oro de Rávana,
siempre vivimos en un destierro mientras
el insolente espíritu de la prosperidad material

nos tiende sus seducciones,
anhelante de poseernos
como el raptor Rávana quería poseer a Sita.
Y en esa cárcel, la flor viene a nosotros,
portadora de un mensaje de la otra orilla,
para murmurarnos al oído:
«Ya estoy aquí. Es él quien me envía.
Soy un mensajero de la belleza de aquel
cuya alma es la beatitud del amor.
Ha construido un puente
para llegar hasta tu aislamiento.
No te ha olvidado. Viene a buscarte.
Te atraerá hacia sí para tornarte en sus brazos.
La ilusión no te mantendrá
eternamente prisionero».

Si en ese momento nos hallamos despiertos,
preguntamos:
«¿Cómo podemos saber que es él quien te envía?».
El mensajero responde: «Traigo su anillo.
Contempla el esplendor de sus luces».
Y en verdad que ese anillo es el suyo,
nuestro anillo nupcial.
Todo lo damos entonces al olvido.
Sólo ese dulce símbolo del eternal amor
nos llena de una aspiración profunda.
Advertimos que el palacio de oro en que vivimos
no tiene nada de común con nosotros.
Nuestra liberación está fuera de él,
allí donde nuestro amor fructifica
y nuestra vida se consume[2].

2. Ibíd., p. 140.

Cuando la fe responde al llamamiento del amor, la creación entera se convierte en templo que habla todo él de la presencia del amado. El anillo. La flor. Y, más importante, cada ocasión y cada objeto y cada trabajo. Tagore saca una conclusión tan universal como práctica. Con esta visión, dice, *«los hornos de los talleres se convierten en los fuegos artificiales de una fiesta; el ruido de las máquinas pasa a ser una melodía inefable»*. Es fácil ver a Dios en una flor. Es mucho más difícil verlo en un horno o en una máquina. Y, sin embargo, ésa es la verdadera fe. Ver a Dios en el tráfico de la ciudad y en el trabajo de la oficina. En la rutina y en el ruido, en la monotonía y en el sudor. Ese es el verdadero arte. Bienaventurado el trabajador que ve en los hornos del taller los fuegos artificiales de una fiesta, y para quien el ruido de las máquinas se convierte en dulce melodía. Para la fe, todo es mensajero; para el amor, todo habla. Y la prisión del rey raptor pasa a ser sala de espera del amado, a quien se sabe cercano. Rama llega a tiempo y salva a Sita. El Ramayana puede continuar.

La otra orilla

Nunca podré olvidar cierto estribillo
que oí una vez al amanecer,
entre el fragor de una multitud reunida
en la víspera nocturna de una gran fiesta:
«¡Condúceme a la otra orilla, batelero!»,
decía el estribillo. Y pienso que
entre la continua agitación de nuestros afanes
siempre se está escuchando esta llamada:
«¡Condúceme a la otra orilla».

El porteador que en la India tira de su carrito
canta: «¡Condúceme a la otra orilla!».
El vendedor que callejea
ofreciendo especias y fruslerías,
canta: «¡Condúceme a la otra orilla!».
¿Y qué significa esta llamada universal?
Responde, sin duda, a la sensación que tenemos
de no haber alcanzado aún nuestro destino.

Pero ¿hay algo más?
¿Dónde está esa otra orilla?

¿Es algo distinto de lo que poseemos?
¿Está en otra parte de donde nosotros estamos?
No y ciertamente no.
Donde nosotros buscamos nuestro destino
es en el corazón mismo de nuestra actividad.
Estamos clamando para que nos conduzcan
al lugar mismo donde nos encontramos.

En verdad, ¡oh océano de goce!, esta orilla
y la otra orilla no forman en ti más que una sola.
Cuando digo «esta orilla mía»,
la otra se me hace extraña,
y al perder el sentido
de esa plenitud que hay en mí,
mi corazón anhelante reclama «la otra orilla».
Todo cuanto poseo y todo cuanto me parece ajeno
esperan verse enteramente
reconciliados en tu amor[3].

El primer deseo de llegar a la otra orilla nace de dentro, del corazón, que se sabe lejos de su centro y entiende su misión de llegar, latido a latido, al lugar de la paz y del amor. Pronto ese deseo reconoce que no se trata tanto de «llegar» como de «ser llevado», pues sus remos no valen contra la distancia y la corriente, y necesita el viento bienhechor que sople, dirija, empuje y persevere hasta la otra orilla.

Ese deseo interior que todo lo avasalla y todo lo domina se proyecta pronto sobre su entorno, y cada voz, cada figura, cada circunstancia de la vida resuena en sus oídos con el mismo anhelo, vocalizado por cada uno a su manera.

3. Ibíd., p. 204.

Y es el porteador con su carrito, el vendedor con su mercancía, el niño con su juego, el pájaro con su trino, el árbol con sus hojas y el cielo con sus estrellas quien le habla del mismo anhelo y se hace eco de la oración universal: *¡condúceme a la otra orilla!* Todo el universo vibra con el anhelo único de un destino común.

Y luego viene el gran despertar, el noble descubrimiento, la aurora desgarradora en el pensamiento que intuye una nueva revelación: el océano en que existimos no tiene orillas. Hablar de «esta» y la «otra» orilla es un engaño. No se trata de «llegar», sino de saber que «estamos». No se trata de empuñar el catalejo, sino de abrir los ojos. No se trata de descubrir orillas, sino de disfrutar el océano. Aquí está la paz, aquí está la plenitud, aquí está el goce. Sabor de eternidad en labios mortales; herencia anticipada en gozo presente; promesa hecha realidad, y fe hecha experiencia. Semilla alegremente oculta, que ya sabe que es flor.

Y la sonrisa que sigue cantando, sabiendo que la canción es bella, y que ahora puede cantarla con mayor fuerza, porque conoce su verdadero sentido y trasciende su melodía en diálogo ferviente con el batelero, que entiende el mensaje humano en rumbos divinos: *¡condúceme a la otra orilla, batelero!*

Planos para una casa

Mullah Nasrudín decidió hacerse una casa nueva.
Tenía un amigo arquitecto, y fue a verlo
y expresarle su deseo de contratar sus servicios.
El arquitecto aceptó de buen grado y le pidió
detalles sobre el tipo de vivienda que deseaba,
para ir pensando en los planos.
«Dime qué tipo de casa quieres,
cuántas habitaciones, dormitorios,
cuartos de baño,
si quieres jardín y piscina,
con qué presupuesto cuentas;
en fin, todas las indicaciones que tú
y, quizá aún más, tu mujer queráis darme
para que la casa sea enteramente a vuestro gusto».
El Mullah contestó: «Sí, sí, mi mujer
es quien ha pensado en ello más que yo.
Mira —añadió, sacando un viejo picaporte
del bolsillo—, mi mujer le tiene mucho cariño
a este picaporte, y queremos

que nuestra nueva casa haga juego con él.
Eso es todo lo que te puedo decir».

El picaporte es la idea preconcebida. Un concepto, una tradición, un prejuicio, una costumbre. Lo llevamos en el bolsillo, lo guardamos con cuidado, lo sacamos en el momento oportuno, y queremos que todo lo demás se ajuste a él. No importa cuántos cuartos tenga la casa, si ha de estar orientada al mediodía o al norte, si ha de tener tres pisos o uno. Lo importante es el picaporte. Que todo encaje con él. Con eso nos damos por satisfechos. Forzamos interpretaciones, cambiamos nociones, ignoramos avances en pensamiento y vida y conducta, con tal de que el picaporte encaje. Le tenemos mucho cariño, lo guardamos con cuidado y queremos preservarlo a toda costa. Que los planos se subordinen a él. No importa lo que salga, pero que quede bien a la vista el picaporte. Pocas cosas hacen más daño en la vida que una idea fija. Y tenemos más de las que nos imaginamos. Basta con rebuscar por los bolsillos.

Si yo fuera el arquitecto, les habría hecho la casa entera en forma de picaporte. ¡A ver si aprendían! ¡Lo malo es que, encima, les habría gustado y me lo habrían agradecido! Las ideas fijas tienen mal remedio.

El precio de una sonrisa

«Mamá, ¿por qué pones una cara tan bonita
en la tele, y tan mala en casa?»,
preguntó la niña pequeña a su madre,
conocida presentadora de programas de televisión.
«Porque en la tele me pagan por sonreír»,
contestó con sinceridad espontánea la estrella,
cuyo rostro todos conocían.
«¿Y cuánto habría que pagarte para que sonrieras
en casa?», preguntó la niña inocente.
Y a la popular estrella se le saltaron las lágrimas.

Una célebre presentadora de televisión declaró en una entrevista que le hicieron (y en la que, por una vez al menos, ella tenía que responder a las preguntas, en vez de hacerlas) que lo que más le costaba era el contraste entre la imagen que de sí misma proyectaba en la pantalla y la realidad personal con la que tenía que vivir en su vida. «La gente conoce sólo mi rostro de la pantalla, con mi sonrisa y mi buen humor y mis salidas alegres que les hacen pasar un buen rato, y se creen que yo siempre soy así. Pero no lo soy. Al contrario, tengo que desahogarme en la vida privada de todas las tensiones del sonreír y decir cosas graciosas durante las dos horas del programa. Y la gente se resiste a admitirme tal como soy, porque quieren que sea como aparezco en la pantalla».

Todos nosotros, aunque no trabajemos en televisión, tenemos nuestra imagen que hemos proyectado a través del trato y conversación y reacciones y preferencias de muchos años que nuestros amigos conocen y archivan en su mente, y esperan que sigamos siendo como aparecemos en esa imagen, que es la que ellos conocen y exigen que nosotros respetemos. Esa es la gran esclavitud de la imagen. Nos obliga a sonreír como sonreímos en la pantalla, a decir lo que esperan que digamos, a portarnos como siempre nos hemos portado. Hace imposible el cambio e impide la espontaneidad. Hace difícil la vida doméstica de la célebre presentadora de televisión.

Si la imagen es negativa, si nuestros amigos y conocidos tienen mala opinión de nosotros, será casi imposible, por mucho que nos esforcemos y mejoremos, que lleguen a pensar bien de nosotros y admitir que hemos corregido defectos y limado aristas. Ante ellos seguiremos siendo siempre los de la imagen antigua, y cualquier esfuerzo por cambiarla sólo servirá para subrayarla ante quienes la conocen y la imponen. Y si la imagen es positiva, si la gente nos tiene aprecio y consideración, también esclaviza a la larga, ya que nos obliga a seguir las pautas que ellos nos han trazado con la exigencia explícita de que sigamos siendo lo que siempre hemos sido. Del chico «malo» ya no se fía nadie; y al chico «bueno» no se le permite ni una travesura. Todo es esclavitud, de un signo o de otro. En cualquier caso, esa imposición social mata la experimentación, la aventura, el riesgo, el intentar nuevos modelos de conducta que puedan enriquecer nuestra vida, pero que ya no encajarían en el marco en que nos ha encuadrado la sociedad, la cual no desea que cambiemos, porque le resultaría incómodo tener que encontrar otro sitio para el cuadro. La sociedad nos inmoviliza con sus exigencias de rutina repetida y esperada, y a nosotros, por comodidad, por vergüenza, por miedo, por indecisión, nos cuesta cambiar de imagen, y preferimos seguir en el surco fijo de la costumbre adquirida. Somos esclavos de nuestra imagen, y nuestra vida entera se resiente de ello.

La gran liberación del hombre y de la mujer es la liberación de la propia imagen, la ruptura del molde, el salirse de la pantalla. Hay que aprender a sonreír en casa. Aunque se rompa la sonrisa de la tele. Vale mucho más la sonrisa de casa.

La voz del tenor

Una vez le preguntaron a Dalí:
«¿Hay alguna manera, alguna señal
o alguna marca para reconocer a un genio».
El contestó enseguida:
«Sí que la hay. Es bien fácil.
Si ha nacido en Figueras, es pintor
y se llama Dalí, es un genio».

Aparte del humor y la seguridad autoconfiada de la respuesta, hay algo en ella muy verdadero e instructivo. El genio se conoce por sí mismo, se da a conocer con su mera presencia, no necesita tarjeta de visita o documento de identidad. Lleva consigo su carácter, y lo manifiesta espontáneamente en cada gesto, en cada palabra. No hay que pedirle credenciales al genio; las lleva en su misma persona, es él mismo; y los que lo tratan lo saben.

Cuentan del tenor Caruso que una vez
tuvo dificultades en un banco, donde le exigían

probar su identidad, y él no llevaba encima
documento alguno con que justificarla.
Entonces, en medio de las oficinas del banco,
se puso a cantar a todo volumen
una de sus arias favoritas de ópera...
y cobró el cheque.

A veces cito esas anécdotas cuando personas espirituales adentradas en los caminos de la oración íntima me preguntan sobre la experiencia de Dios. ¿Cómo saber si era realmente él? ¿Cómo asegurarse? ¿Cómo guardarse de las ilusiones y engaños que nos acechan en materia tan delicada y tan importante? El discernimiento de espíritus se ha convertido en arte, y el estudio de ese arte es una necesidad para quienes quieren acercarse a Dios aun a través del velo inevitable que establece la condición humana. Pero como base y directiva fundamental de ese discernimiento está el reconocer que Dios es su misma prueba en sí mismo. Dios trae su presencia consigo, y a quien de veras ha recibido su visita en el fondo de su alma, no le hacen falta argumentos ni demostraciones. La majestad se impone, el dueño del alma y de la creación entra y sale sin llave, se hace sentir sin ruido, y ángeles de paz forman su cortejo. «Que sois gran emperador en vos mesmo», le decía santa Teresa, y se conoce en su porte real y en su dignidad evidente.

Los místicos indios sonríen y dicen: «El que ha hecho el amor, lo sabe». ¿Y qué religión enamorada no ha comparado la unión del alma con Dios a los esponsales? La oración es trato de amor, y los amantes saben sentir su mutua presencia con la certeza del corazón.

Aprendamos reglas, estudiemos manuales, consultemos a sabios y prudentes, interroguémonos a nosotros mismos, mostremos prudencia y pidamos luz; pero, por encima de todo, abramos los ojos, sintamos la presencia, fiémonos del amor y aprendamos a dejar que Dios se nos manifieste en el fondo de nuestro ser con el dominio total que a él sólo pertenece. Que su voz identifique al cantante.

El muchacho con suerte

Cuento de los Hermanos Grimn

El muchacho había servido siete años a su señor,
y pidió su salario para despedirse
y volver al lado de su madre.
Su señor, complacido,
le dio un pedazo de oro tan grande como su cabeza.

El oro pesa mucho, y el muchacho
se lo echó al hombro y empezó a caminar.
Se encontró a un hombre a caballo,
y se puso a pensar en voz alta qué bien iría él
a caballo, en vez de ir cargado con el oro.
El jinete le oyó y le propuso cambiar.
El muchacho le dio el oro
y se montó en el caballo, agradecido.

A poco de cabalgar, el caballo se encabritó
y tiró al inexperto jinete al suelo.
Pasaba por allí entonces un aldeano con una vaca,

se estableció el diálogo obvio,
y se cambió el caballo por la vaca.

Cuando el muchacho tuvo sed,
quiso ordeñar la vaca,
pero ésta le dio una coz
y lo dejó sin sentido un buen rato.
Así lo encontró un carnicero
que llevaba un cerdo al matadero
y que le explicó que esa vaca
era demasiado vieja para dar leche,
mientras que el cerdo le podía proporcionar
salchichas excelentes para todo un año.
Trato hecho, y adelante con el cerdo.

En esto se cruzó con un mozo que llevaba un ganso
y que le dijo que habían robado un cerdo
en el pueblo de donde él venía,
y si lo veían a él con el animal,
iba a pasarlo mal.
El muchacho se asustó y se emocionó de gratitud
cuando el amable mozo le dejó
quedarse con su ganso a cambio del cerdo.

Por fin llegó el muchacho al último
pueblo del camino, y vio allí a un afilador
que cantaba muy alegre mientras trabajaba,
de lo cual dedujo el muchacho que era feliz,
y cuando el afilador le dijo que su oficio
traía la felicidad, le cedió el ganso
a cambio de dos piedras de afilar.

Siguió el camino, sintió sed
y se arrodilló al lado del arroyo para beber,
pero, al hacerlo así e inclinarse,

se le cayeron las piedras del bolsillo
y se perdieron en el agua.
El muchacho sintió tal alegría al verse
desembarazado del último obstáculo que exclamó
con sinceridad espontánea y verdadera:
«¡Soy el hombre más feliz del mundo!».

De joven soñó reformar el mundo entero. Sociedad y política y religión y cultura. Acabar con todas las injusticias y todas las increencias. Un mundo feliz en un planeta limpio. El ideal era posible, y merecía consagrar a él una vida. Todo sacrificio era pequeño, y las dificultades sólo servirían para crecerse ante ellas. Todos los hombres y mujeres de buena voluntad juntos podían ciertamente llevar a cabo esa tarea, y ya era hora de que se unieran para ella. La humanidad había sufrido bastante, y una conciencia nueva abría rumbos de redención universal.

Al crecer en edad, rebajó sus sueños. Quizá no se podría liberar al mundo entero, pero a gran parte sí. Admitamos que aún quedarán problemas, porque la vida es lucha, pero sí podremos llevar a cabo una reforma fundamental que prepare el camino para una campaña global. No había que cejar. Si no en el mundo entero, sí al menos en su nación, había que hacer un cambio radical, y eso se había de lograr.

Si en toda la nación no, al menos en su entorno social sí que sería posible, y había que emprender la tarea para ayuda de algunos y ejemplo de todos. Había un círculo adonde llegaba su influencia, y allí cabría trabajar y triunfar.

Y si en su sociedad no, al menos en sus amigos; y si en sus amigos no, al menos en su familia. Cambiar mentalidades, despertar conciencias, establecer principios, mejorar conductas. Si no lo logramos con aquellos con quienes convivimos a diario, ¿con quién lo íbamos a lograr?

Cuando no lo logró después de haber pasado gran parte de la vida sin lograrlo, se hizo la luz en su mente, y se irguió con un propósito nuevo final: a quien había que reformar era... ¡a sí mismo! Esa era la meta verdadera. Por fin lo había visto. Merecía la pena haber trabajado tanto y haber cambiado de enfoque y haber avanzado en la vida hasta ver lo que verdaderamente es el fin de ella: mejorarnos a nosotros mismos. Si él se reformaba a sí mismo, habría cumplido con ello su misión en el mundo, habría hecho todo lo que a él le tocaba hacer, habría establecido un ejemplo, un centro de ejemplaridad, una señal que estimularía a los demás a hacer cada uno lo mismo en su vida, y con eso estaba en marcha la única revolución auténtica que podía cambiar el mundo. Reformarse a sí mismo era la clave, y a ello se entregó con toda su alma, concentrando en esa tarea suprema y singular las energías dispersas en mil frentes a través de su vida. Ahora sí que iba a lograr su empeño.

Y un día, con mucha vida y mucha experiencia ya detrás de sí, con la madurez de su pensar y la claridad de su visión, se sentó a descansar en la vida, y notó que se le caía suavemente el peso que llevaba encima. Descubrió, como por revelación angélica, que no tenía por qué intentar cambiarse a sí mismo: para empezar, era inútil... e imposible, como sus esfuerzos lo habían demostrado. Le rodaron de los bolsillos del alma y se le cayeron al arroyo de la vida las dos últimas piedras que hacían pesado su caminar. Se encontró libre, alegre, en paz con el mundo, con el género humano, con Dios y consigo mismo, y gritó con toda la fuerza de sus pulmones para que le oyera la creación entera: «¡Soy el hombre más feliz del mundo!».

La bella y la bestia

El cuento es bien conocido, y basta con resumirlo. La moraleja no es tan evidente, y merece la pena comentarla.

Un comerciante tenía una hija, bella de rostro
y de nombre, y emprendió un viaje para ver
de mejorar sus negocios, que no iban bien.
Se perdió en el bosque y llegó
a un palacio donde no había nadie,
pero sí una mesa servida donde comió,
una habitación preparada donde durmió
y un jardín bien cuidado, de donde
tomó una gran rosa para llevársela a su hija.
No bien había arrancado la flor,
cuando un ser monstruoso se presentó
y le dijo con un rugido:
«Yo soy la bestia, y todo esto me pertenece.
No me importa que comieras en mi mesa
y durmieras en mi habitación,
pero no tolero que me robes una flor.

Ahora morirás».
El comerciante pide poder despedirse de su hija;
ésta, al saber el trance,
se ofrece a entregarse a la bestia
en lugar de su padre, y así se hace.

La bestia no hace daño ninguno a la bella;
al contrario, la trata con bondad y le da toda clase
de facilidades para que viva a su gusto en palacio.
Lo que es más, el monstruo le propone un día
a la bella que se case con él
y lo ame como él ya la ama a ella.
A ella le da gran repugnancia,
pero reconoce que, a pesar de la apariencia,
la bestia tiene buen corazón
y se ha portado con gran delicadeza,
y al fin acepta la proposición
y con gran cuidado le da un beso al monstruo.
Al instante, la bestia se transforma
en un apuesto príncipe que declara
haber estado bajo una maldición
hasta que lo liberase el beso de una doncella.
Se sigue la boda y la felicidad de todos.

Los bosques de leyenda están llenos de príncipes convertidos en animales que esperan, bajo el penoso disfraz, el cariño de una persona para volver a ser ellos mismos con la magia del amor que todo lo transforma. La bella durmiente espera cien años en el castillo, ocultado ya por la maleza, a que aparezca el príncipe valiente y le dé un beso para que despierte su belleza. El primer cuento de los Hermanos Grimn es *El Príncipe Rana*, que encierra la misma enseñanza:

A la princesa se le cae su bola de oro en un pozo.
Una rana se ofrece a rescatarla
si la princesa promete compartir su vida con ella.
La princesa acepta. Recobra su bola de oro
y pretende olvidarse de la rana.
Esta la sigue, y el rey, enterado de la situación,
obliga a su hija a que cumpla su promesa.
La rana come en su misma mesa,
se acuesta en su cama, y es por fin
el beso tímido el que revela al príncipe escondido.
Y las campanas vuelven a tañer a boda.

El beso libera la personalidad. El amor revela la belleza escondida. El aprecio que una persona siente que se le profesa es lo que la hace crecerse, animarse, valorarse a sí misma y brillar en toda la belleza de su alma y de su rostro. Muchos príncipes y princesas andan por esos bosques de Dios esperando que alguien les bese para descubrirse a sí mismos, apreciarse a sí mismos, recobrar la confianza, la autoestima, el valor de mirarse al espejo, recobrar su belleza escondida y presentarse ante el mundo sin timidez y sin miedo, con todo el valer de su personalidad única. Se busca gente que sepa besar con delicadeza y suavidad, en el momento secreto que sólo saben las estrellas, los labios que esperan tiernamente el beso regio para florecer en sonrisa feliz.

Nada ayuda tanto a una persona a crecer y desarrollarse en personalidad y carácter como el sentirse estimada, apreciada, querida. Hay una persona en mí que quiere ser amada por encima y aparte de mis éxitos o fracasos; que no quiere depender de apariencias o circunstancias, o juventud o vejez, para ocupar el puesto que deseo en el corazón de los que me rodean; que quiere sentirse valorada y querida como persona en el fondo de su ser y en la unicidad de su presencia; que espera, en una palabra, el amor incondicional, libre y sincero para abrirse a la amistad y la intimidad con toda la riqueza que lleva dentro y que quedará escondida y oculta mientras no llegue el beso que haga caer el velo.

Y si yo espero el beso de otros, quiero aprender también a encontrar y reconocer la belleza de las personas bajo disfraces agrestes, y sacar a la luz, con el respeto de mi cariño, las dotes adormecidas de hombres y mujeres que tanto valen y tan poco aparentan. Una palabra, un gesto, una sonrisa, un beso. Y se rompe la maldición de años, se alegra un rostro y se recobra una vida. Y el cuento de hadas vuelve a tener un final feliz.

El gato como medio de comunicación

Un cuento húngaro

Un muchacho se enamoró de una joven
y le rogó que se casase con él.
Ella aceptó, pero puso tres condiciones:
que el marido haría todas las tareas de casa,
que no le hablaría a ella jamás de eso
y que no le levantaría la mano.
El muchacho aceptó, se casaron
y comenzaron a vivir felices.

El marido comenzó con ilusión
a hacer todas las faenas de la casa,
porque amaba de veras a su mujer;
pero pronto se cansó de tener que estar
trabajando todo el rato en casa después de venir
de su propio trabajo, mientras su mujer se divertía
todo el día con visitas y espectáculos,
ya que no tenía nada que hacer
ni en casa ni fuera de ella.

Pero el marido había dado su palabra
y no podía decirle nada sobre ello, ni de palabra
ni de obra, y no tenía más remedio
que seguir con todo el trabajo día a día.

Un día, antes de salir de mañana para su trabajo
en el campo, el hombre se dirigió al gato,
que dormitaba acurrucado en su rincón favorito,
y le dijo:
«¡Escúchame, gato inútil y perezoso!
Tú te pasas el día sin hacer nada,
y yo tengo que trabajar en el campo todo el día,
y cuando vuelvo por la noche tengo que
limpiar la casa y preparar y servir la cena.
Desde hoy, esto se acabó.
Cuando vuelva yo esta noche, quiero
que toda la casa esté limpia y barrida,
y la cena preparada.
Y ¡ay de ti si no lo haces!».

El gato siguió tan tranquilo en su rincón,
y la mujer, que lo había escuchado todo,
decidió, sin embargo,
no darse por aludida y se marchó
a corretear por el vecindario como todos los días.
Volvió el marido, vio la casa sin hacer
y, dirigiéndose al gato, comenzó a increparle,
a echarle en cara no haber cumplido sus órdenes;
y, tomando una vara,
se puso a apalearlo sin piedad
por no haber cumplido su deber.
El gato se refugió de un salto en brazos de la mujer,
y el marido siguió dándole a la vara
y sin fijarse sobre quién caían los golpes,

mientras continuaba dándole gritos al gato
y asegurándole que lo mismo
pasaría al día siguiente
si no limpiaba la casa y preparaba la cena.

Tres días sucedió lo mismo y al tercer día
la mujer, que entre los arañazos del gato
y los palos indirectos del marido
se había llevado una buena paliza,
se prestó a comprender
lo que no quería comprender.
Las amonestaciones al gato iban para ella.
Con lo cual agarró escoba y bayeta,
barrió y fregó la casa, encendió el fuego
y preparó una suculenta cena
que comió en paz y alegría con su marido.
Y al gato, que no había entendido nada de todo
lo sucedido, le dieron también una buena porción
para resarcirle de los golpes recibidos.

Si el gato pudiera hablar, diría sencillamente: ¿por qué no le dice a ella todo esto que me está diciendo a mí y que yo no entiendo? Si muchos amigos de muchas parejas pudieran hablar cuando el marido o la mujer les hacen confidencias de lo mal que les va en su matrimonio, también dirían clara y directamente: ¿por qué no le dice a él o a ella todo esto que me está diciendo a mí?

Los malentendidos —y no ya en familia, sino en amistad y en sociedad— nacen de mala comunicación. No se hablan, no mantienen contacto, no se dicen entre ellos lo que se deberían decir, no se informan el uno al otro de lo que piensan, lo que sienten, sobre todo con respecto a la otra persona; y al no hablarse de eso, aunque hablen de otras mil cosas, se distancian, se aíslan, por juntos que vivan, se imaginan lo que el otro piensa y, al no saberlo, cada vez se equivocan más en ello y llegan a ser extraños el uno al otro, a pesar de vivir en la misma casa.

La manía de no hablarse puede ser sencillamente timidez, miedo a herir o ser herido, no haber empezado a tiempo y lamentar que ya es demasiado tarde para intentarlo. El resultado es el mismo. No se hablan. No se hablan de lo que deberían hablarse. Y sin hablar no se entienden las personas.

Hace falta un gato. Un mediador, un instrumento, una excusa. Una manera de hacerle llegar al otro lo que de veras pensamos, lo que necesitamos de él, lo que esperamos de él, lo que él debe saber para ajustar su conducta a la realidad que en nosotros se le enfrenta cada día. Hay que romper el silencio. Hay que aprender a hablar. Estamos en la era de las comunicaciones, y la comunicación ha de empezar en casa. De nada sirve tener teléfono, radio, télex y fax que nos comunican con el mundo entero... y nos aíslan de nuestra familia. Es fácil inventar aparatos para comunicarse de lejos. Lo difícil es comunicarse de cerca.

El mejor voto entre marido y mujer, entre amigo y amigo, es el voto de decirse siempre, con delicadeza y tacto, lo que se siente, lo que se desea, lo que se espera. Luego se hará eso o no, pero la expresión externa de la tensión interna es esencial. Y si no, que se lo pregunten al gato.

El mensaje de la espada

En tiempos de guerras entre reyes moros,
corrió de boca en boca la leyenda
de que quien se apoderara de la espada Asharaf
sería el vencedor y ejercería un dominio
absoluto sobre todas las tierras del Islam.
Apoderarse de la espada no era empresa fácil.
Había que descubrir primero dónde estaba,
llegar hasta el lugar y hacerse con ella
en competencia a muerte,
ya que todos anhelaban poseerla.
Nadie escatimaba fuerza ni ingenio
para llegar a poseer la espada triunfadora.

Tras muchas peripecias, uno de los reyes
logró hacerse con ella. Se aseguró
de que era la auténtica espada Asharaf
e inmediatamente se lanzó al campo de batalla
para sojuzgar a los demás reyes.
Se sabía invencible, y estaba impaciente
por ejercitar el poder que le concedía la espada.

Sin embargo, no le salieron las cosas
como esperaba.
En la primera y apresurada batalla a que se lanzó
en cuanto obtuvo posesión de la espada,
fue derrotado, y él mismo murió en la lucha,
atravesado por la propia espada
que él estaba seguro había de darle la victoria.
Murió con una mueca de sorpresa en los labios,
cual si preguntase
cómo podía haber sucedido aquello.
Si esa era la auténtica espada Asharaf,
¿cómo le había traicionado
en su primer encuentro?

La misma sorpresa se dibujaba en el rostro
de los vencedores, que sacaron con cuidado
la ensangrentada espada
y la examinaron con precaución.
No fue difícil explicar el enigma.
Una vez limpia de sangre, la espada reveló
que en su hoja, de arriba a bajo,
en fligrana vertical,
estaba grabada una inscripción artística y clara
que cualquier árabe podía leer al instante.
La inscripción decía:
«No luches nunca con la espada.
En paz y concordia se unirán tus hermanos a ti».
Ese era el mensaje de la espada Asharaf.
Su nuevo dueño lo entendió, renunció
a la lucha, emprendió el camino de la paz,
y los demás reinos se unieron a él
en unidad hermana.

La vida está llena de mensajes. Las cosas hablan, los acontecimientos tienen sentido, las ocasiones revelan secretos de conquista. Pero tenemos prisa y no nos paramos a escuchar, a leer, a descifrar. Oímos que se trata de una espada y creemos que una espada vale sólo para dar mandobles y allá vamos a luchar locamente, contra lo que nos enseñaba la propia espada en su hoja repujada. Nos precipitamos. La urgencia, la acción, la lucha. Hemos oído la leyenda y se nos desata la imaginación. Todos hablan de ello, hay que seguir la corriente, hay que apoderarse de la espada antes de que lo haga el contrario. Y hay que blandirla antes de que el adversario pueda blandir la suya sobre nosotros.

Espera un momento. Reflexiona. Contempla al menos la espada que tienes ya en la mano. Espada es cualquier plan de acción, cualquier ideología, cualquier campaña, cualquier idea. Mírala bien antes de lanzarte. Lee el mensaje grabado en la hoja brillante. Entérate por ti mismo. No te dejes llevar por las apariencias. Es posible que la espada no sea para lanzarse a la guerra, sino para evitarla. Aprende a leer. Acostúmbrate a interpretar los mensajes que te llegan a través de personas y cosas. Deja hablar a las circunstancias. Abrete a los signos de los tiempos. Escucha. Reflexiona. Deja que la historia te haga confidencias. Ojos para ver, oídos para oír y sensibilidad para sentir. La vida entera es un jeroglífico artístico y secreto que hay que descifrar paso a paso, rasgo a rasgo, momento a momento. El mensaje entendido a tiempo salva a un reino.

«Asharaf», en árabe, quiere decir «Noble».

Por Dios y por la patria

Esta es una historia que Tony de Mello contó con frecuencia y nunca publicó, y merece la pena rescatarla del olvido. Para él el patriotismo no era virtud o mérito, sino un condicionamiento impuesto desde fuera y manipulado con fines egoístas y resultados desastrosos, como testimonian la historia de todos los tiempos y los periódicos de todos los días. Estados y naciones son divisiones necesarias por un lado para hacer manejable el gobierno de los pueblos, pero arbitrarias en su trazado y, con frecuencia, violentas en su origen. Las fronteras son las causas de las guerras, y esas fronteras, hoy sagradas, fueron un día impuestas por un tratado injusto o un poder extranjero. No hay más que ver ciertas fronteras hechas con tiralíneas en el mapa de Africa, o leer cómo se trazó la línea divisoria entre la India y el Paquistán cuando se hicieron independientes, para caer en la cuenta de lo absurdo de toda frontera y de lo cuestionable del concepto de patria, por sublime que se le haga parecer.

Las guerras entre la India y el Paquistán son precisamente el escenario de esta historia de Tony, como igual podía serlo cualquier otra guerra fronteriza en cualquier época y entre cualesquiera países. El habla desde su país, la «Madre India» venerada y defendida por sus millones de hijos, pero sin prejuicio alguno contra ningún otro país, ya que precisamente su intención es borrar las diferencias nacionales, tan dadas por supuestas como infundadas en la realidad. La idea, sin embargo, era nueva y atrevida y podía prestarse a malentendidos, y quizá por eso no la confió nunca a la imprenta. Si la historia era original de Tony o no, no lo sé, pero tiene todas las trazas de serlo.

Durante una de las recientes guerras
entre la India y el Paquistán,
unos oficiales del ejército paquistaní
fueron hechos prisioneros por los indios
y custodiados como correspondía a su rango
hasta el final de las hostilidades.
Cuando llegó el día de devolverlos a su patria,
se presentó un oficial indio, los puso en libertad,
los acompañó hasta el límite de los dos países
y les dijo: «Aquella línea de árboles
que ven ustedes es la frontera entre la India
y el Paquistán. Una vez que la crucen,
estarán en su tierra. «¡Buena suerte!».

Los oficiales paquistaníes, al divisar su tierra,
se llenaron de alegría, salieron corriendo,
pasaron la línea de árboles y,
al llegar a suelo paquistaní,
se arrodillaron y comenzaron a besarlo,
a derramar lágrimas de gozo y a decir:
«¡Oh, Madre Paquistán! Te amamos, te servimos,

te veneramos. Hemos sufrido por ti,
y por ti sufriríamos mucho más,
hasta derramar gustosos nuestra sangre
por tu seguridad y tu gloria.
Sólo el pisar otra vez tu bendito suelo
nos hace felices».

En esto estaban los fervorosos oficiales
cuando se les acercó corriendo,
por detrás, el oficial indio,
que blandía unos papeles en su mano
y comenzó a decirles en cuanto consiguió
que le prestaran atención:
«Ustedes perdonen, señores, si les interrumpo,
pero ha habido un error.
Acabo de mirar bien el mapa, y Paquistán
no comienza en esta línea de árboles,
sino en la siguiente que ven ustedes cien metros
más allá. El terreno en que están ustedes
es todavía la India. Tengan la bondad
de trasladarse un poco más allá,
y estarán en su casa.
Espero no les haya causado ninguna molestia,
y vuelvo a presentarles mis excusas».

Cuando Tony contó esta historia en el grupo en que yo estaba, hubo un rato considerable de silencio, y al fin uno del grupo le preguntó: «Tony, con esto has desmitologizado el concepto de 'patria'. ¿Harías lo mismo con el concepto de 'familia'?». Y Tony, que casi parecía haber estado esperando la pregunta, contestó con otra historia.

Un hombre que acababa de ser padre
por primera vez fue llevado por la enfermera

de turno en la casa de maternidad
a la sala esterilizada donde, tras una pared
de cristal, se alineaban las cunas de los bebés
nacidos aquel día, en exposición monótona
de naturaleza humana. La enfermera le señaló
la cuna número 4 y lo dejó solo ante ella
para su primer encuentro con su hijo.
El padre recién estrenado se puso a mirar
a su bebé con todo el cariño de que fue capaz,
le empezó a llamar la atención, a hacerle gestos,
a sonreír hasta que le pareció que el bebé
también le sonreía a él, y a sentir así
que le nacía por dentro el sentimiento más tierno
y profundo hacia su primer hijo.

En esto estaba cuando se le acercó la enfermera
con unos papeles en la mano,
lo llamó por su nombre
y, cuando consiguió que la oyese, le dijo:
«Perdone usted que le interrumpa,
pero usted es el señor... ¿no es eso?
Pues mire, ha habido un pequeño error:
acabo de verificar bien los papeles
que usted ve, y su hijo no es el de la cuna 4,
sino el de la 6, dos cunas más allá.
Sí, sí, ése es el suyo con toda seguridad.
Puede usted fiarse
y examinar el fichero si lo desea.
Espero no haberle causado ninguna molestia
y le presento mis excusas.

Después de eso, nadie se atrevió a hacerle más preguntas a Tony aquel día.

Cómo aprender a volar

La resistencia que sabemos oponer a una nueva idea, a un cambio, a cualquier propuesta que conlleve novedad, aventura y riesgo, es algo tan innato, instintivo e instantáneo que se nos puede escapar a nosotros mismos, es decir, que resistimos sin saber que resistimos, y rechazamos algo antes de caer en la cuenta conscientemente de que lo estamos rechazando. Esta resistencia rápida, oculta y eficiente es el mayor obstáculo práctico que encontramos en el camino del desarrollo personal, del crecimiento, del cambio. Y el primer paso para quitar de en medio ese obstáculo es caer en la cuenta de que existe, sentir esa resistencia, reconocerla, sacarla a la luz y mirarle a la cara para decidir en responsabilidad y libertad qué queremos hacer con ella. Es posible que queramos prestar oído a sus advertencias y echar marcha atrás, y también es posible que prefiramos dejarla a un lado y seguir adelante por el camino nuevo. La decisión puede ser cualquiera, pero lo importante es librarse de antemano de la resistencia ciega. Y para ello hay que aprender a desenmascararla a tiempo.

La teoría es clara, pero no sirve de mucho. Voy a dar un ejemplo, ya que en estos casos la anécdota puede más que el argumento, y una historia sencilla pero verdadera ayuda más que un silogismo. Al exponer estos temas ante públicos de toda clase, fomento el diálogo con mis oyentes, ya que así la comunicación se hace actual, el tráfico es de ida y vuelta, y yo aprendo de todos tanto y más que ellos de mí. Una de las cosas que siempre aprendo y nunca acabo de aprender es precisamente la fuerza inerte de esta resistencia fabulosa que paraliza entendimientos, frena entusiasmos y cancela empresas. Cuento aquí un caso real y extremo que, en medio de la rabia que me dio, me hizo reír.

El episodio tiene la ventaja de que el tema a que se refiere está expuesto en uno de mis libros, y yo dije aquel día ante aquel público lo que ya está escrito y publicado, de modo que el lector o lectora de este libro puede ahora juzgar imparcialmente sobre la reacción a lo que dije, que es lo mismo que lo que escribí y cito aquí, para después contar el efecto que la narración tuvo. El pasaje está en mi libro sobre Tony de Mello, *«Ligero de equipaje»*, y dice así:

Fue durante uno de esos elocuentes ataques
contra el propio yo, mientras parecía
que nada en absoluto
podíamos ya hacer o dejar de hacer
en aquella verdadera noche oscura del alma,
con Tony metiéndonos a martillazos sin piedad
esa idea fundamental en la cabeza,
cortando todas las escapadas
y deshaciendo todas las excusas,
urgiéndonos a la generosidad total

frente a las ingentes dificultades de la aventura
que parecía dejarnos colgados entre el cielo
y la tierra sin apoyo de ninguna clase,
cuando le oí a Tony la que fue quizá la frase
más bella y más profunda
que jamás oí de sus labios.
Nos dijo: «Cuando la gente
me oye hablar de esta manera, me dicen:
'Tony, al oírte hablar así, uno se queda
sin nada donde agarrarse...';
y entonces yo completo la frase
añadiendo en el mismo tono: '... así dijo el pájaro
cuando empezó a volar'. Ya lo sabéis».

Esa era la historia que yo había contado en una charla, y la estábamos comentando luego en un grupo, de pie todos a la entrada del salón, con libre intervención de quien quisiera hablar. Había interés por penetrar en el sentido definitivo de esa llamada total, ese salto de fe, esa entrega en el vacío que para ser efectiva ha de ser radical, como el primer vuelo del pájaro, desde el nido protector hacia el abismo, de apariencia suicida. Todos habían entendido bien la comparación que subrayaba, con una bella y clara imagen, la doctrina común a todos los grandes maestros espirituales de todos los tiempos, que nos manda dejar todo si queremos llegar al todo. «Cuando reparas en algo, dejas de arrojarte al todo», había dicho san Juan de la Cruz en expresión que casi describe al pájaro en el abandono radical de todo soporte para lograr el vuelo.

En eso estábamos cuando se acercó al grupo una religiosa de mediana edad, y desde el borde del grupo, sin entrar en él, interrumpiendo la conversación y señalándome a mí con el dedo, dijo rápidamente con tono doctoral: «Ah... pero el pájaro tenía el aire en que apoyarse, tenía el aire...». Y antes de que nadie pudiera contestarle, se marchó precipitadamente y desapareció.

Listilla la monja. Había encontrado la manera de echar por tierra todo lo expuesto aquella mañana. Se resistía a la actitud de renuncia total, no ya de bienes materiales, sino de ideas, apegos, tradiciones, seguridades que protegían su vida y regulaban su conducta: se había rebelado interiormente contra la llamada al desasimiento total, y con inteligencia que no le faltaba se dedicó a buscarle el fallo al argumento, y lo encontró. El abandono del pájaro no era total, porque le quedaba el aire. Lo dijo y se escapó. Poca confianza debía de tener en su argumento.

Toda comparación tiene lo que los latinos llamaban el «tercio» de la comparación, que es el punto de semejanza que ha de tomarse entre la comparación y lo comparado, ignorando los detalles que sólo sirven para completar el cuadro. Si no, también podría decirse que el pájaro tiene alas y el hombre no, así es que no vale la comparación; pero todo el mundo entiende que no es así. Todo el mundo, menos los que no quieren entender. Y los que no quieren entender, es porque tienen miedo de entender. Se encuentra la respuesta fácil, se prepara el escape y se evita la confrontación consigo mismo. Y con eso se pierde la ocasión de mirarse a sí mismo, de cambiar, de crecer. Quien sale perdiendo es siempre quien se escapa.

El escape se efectúa, de ordinario, a través del entendimiento. Somos muy listos. Un poco de lógica, una contradicción, un silogismo, y la más bella de las comparaciones puede echarse a perder. La razón nos engaña. Cuando el sentido, el instinto, el corazón, el organismo entero nos impelen claramente a algo, ahí está la verdad; pero la razón quiere mandar y busca un argumento y veta el avance. Triste historia mil veces repetida.

Aquella buena religiosa se marchó con una triunfante sonrisa de victoria en los labios. Y, sin embargo, era ella quien se había hecho daño a sí misma. Si su actitud nos sirve para reconocer y entender las defensas que instintivamente alzamos ante todo reto nuevo, todo cambio, toda propuesta de aventura del espíritu, su recuerdo nos habrá ayudado en la tarea primordial del seguir adelante en la vida. ¿Quién sabe?, quizá ella también en la seguridad de su soledad ha ensayado sus alas y ha aprendido a volar. Con aire o sin él. Mucho me alegraría.

¿Buena suerte? ¿Mala suerte?

Lectores de Tony de Mello saben la importancia que daba al cuento *«Buena suerte, mala suerte»*, que nos recuerda que nunca sabemos si un acontecimiento concreto va a ser a la larga para bien o para mal, con lo cual se relativiza nuestra visión de las cosas, se adquiere paciencia en la adversidad y moderación en el triunfo. La versión que él usaba era de origen chino, y en mi libro sobre él he dado la versión india. Aquí presento la versión sufí, atribuida al Sheikh Mohamed Jamaludín, que murió en 1750, recogida por Idries Shah en *«Cuentos de los derviches»*. Allí añade que esta historia es también conocida en el folklore griego. La importante lección que nos enseña parece, pues, ser patrimonio universal de todas las culturas.

Una vez, en una ciudad del más lejano occidente,
vivía una joven llamada Fátima.
Era la hija de un próspero hilandero.
Un día su padre le dijo:
«Ven, hija: haremos una travesía,

pues tengo negocios
que hacer en las islas del mar Mediterráneo.
Tal vez tú encuentres a un joven atractivo,
de buena posición, que podrías tomar por esposo».

Se pusieron en camino y viajaron de isla en isla,
el padre haciendo sus negocios, mientras Fátima
soñaba con el esposo que pronto podría ser suyo.
Pero un día, cuando estaban camino de Creta,
se levantó una tormenta y el barco naufragó.
Fátima, semiconsciente, fue arrojada
a una playa cercana a Alejandría.
Su padre había muerto,
y ella quedó totalmente desamparada.

Podía recordar sólo vagamente
su vida hasta entonces,
ya que la experiencia del naufragio
y el haber estado expuesta
a las inclemencias del mar
la habían dejado completamente exhausta.

Mientras vagaba por la arena,
una familia de tejedores la encontró.
A pesar de ser pobres, la llevaron
a su humilde casa y le enseñaron su oficio.
De esta manera, ella inició una segunda vida,
y en el lapso de uno o dos años volvió a ser feliz,
habiéndose reconciliado con su suerte.
Pero un día, estando en la playa,
una banda de mercaderes de esclavos desembarcó
y se la llevó, junto con otros cautivos.

A pesar de lamentarse amargamente de su suerte,
no encontró ninguna compasión de parte de ellos,

que la llevaron a Estambul
y la vendieron como esclava.

Por segunda vez, su mundo se había derrumbado.
Ahora bien, sucedió que en el mercado
había pocos compradores. Uno de ellos
era un hombre que buscaba esclavos
para trabajar en su aserradero,
donde fabricaba mástiles para barcos.
Cuando vio el abatimiento
de la infortunada Fátima,
decidió comprarla, pensando que, de este modo,
al menos podría ofrecerle una vida un poco mejor
que la que habría de recibir de otro comprador.

Llevó a Fátima a su hogar, con la intención
de hacer de ella una sirvienta para su esposa.
Pero, cuando llegó a su casa, se enteró de
que había perdido todo su dinero
al ser capturado su cargamento por piratas.
No podía afrontar los gastos que le ocasionaba
el tener trabajadores, de modo que él,
Fátima y su mujer
quedaron solos para llevar a cabo
la pesada tarea de fabricar mástiles.

Fátima, agradecida a su amo
por haberla rescatado,
trabajó tan duramente y tan bien
que él le dio la libertad,
y ella llegó a ser su ayudante de confianza.
Fue así como llegó a ser
relativamente feliz en su tercera profesión.

Un día, él le dijo:
«Fátima, quiero que vayas a Java,
como mi agente, con un cargamento de mástiles;
asegúrate de venderlos con provecho».

Ella se puso en camino, pero,
cuando el barco estuvo frente a la costa china,
un tifón lo hizo naufragar, y una vez más
se vio arrojada a la playa de un país desconocido.
Otra vez lloró amargamente,
porque sentía que en su vida nada sucedía
de acuerdo con sus expectativas.
Siempre que las cosas parecían andar algo bien,
algo ocurría que destruía todas sus esperanzas.

«¿Por qué será», exclamó por tercera vez,
«que, siempre que intento hacer algo, se malogra?
¿Por qué tienen que ocurrirme tantas desgracias?».
Pero no hubo respuesta.
De manera que se levantó de la arena
y se encaminó tierra adentro.

Ahora bien, sucedía que nadie en China había oído
hablar de Fátima ni sabía nada de sus problemas.
Pero existía la leyenda de que un día
llegaría allí cierta mujer extranjera,
capaz de hacer una tienda para el emperador,
y puesto que, en aquel entonces, en China
no existía nadie que pudiera hacer tiendas,
todo el mundo esperaba el cumplimiento
de aquella predicción
con la más vívida expectativa.

A fin de estar seguros de que esta extranjera,
al llegar, no pasaría inadvertida,

los sucesivos emperadores de China solían mandar
heraldos una vez al año a todas las ciudades
y a todas las aldeas del país, pidiendo
que cada mujer extranjera fuera llevada a la Corte.

Fue justamente en una de esas ocasiones
cuando Fátima, agotada,
llegó a una ciudad costera de China.
La gente del lugar habló con ella
por medio de un intérprete,
explicándole que tenía que ver al Emperador.
«Señora», dijo el Emperador
cuando Fátima fue llevada ante él,
«¿sabéis fabricar una tienda?». «Creo que sí»,
dijo Fátima. Pidió sogas, pero no las había.
De modo que, recordando sus tiempos
de hilandera, recogió lino y fabricó las cuerdas.
Luego pidió una tela fuerte, pero los chinos
no tenían la clase que ella necesitaba.
Entonces, utilizando sus experiencias
con los tejedores de Alejandría,
fabricó una tela resistente para hacer tiendas.
Luego vio que necesitaba palos para la tienda,
pero no existían en el país.
Entonces Fátima, recordando
cómo había sido enseñada
por el fabricante de mástiles en Estambul,
hábilmente hizo unos sólidos mástiles.
Cuando éstos estuvieron listos,
se devanó los sesos tratando de recordar
todas las tiendas que había visto en sus viajes;
y he aquí que la tienda fue construida.
Cuando esta maravilla fue mostrada

al Emperador de China,
él ofreció a Fátima cabal cumplimiento
de cualquier deseo que ella expresara.
Ella eligió establecerse en China,
donde se casó con un atractivo príncipe
y donde, rodeada de sus hijos,
vivió muy feliz hasta el fin de sus días.
Fue a través de estas aventuras
como Fátima comprendió
que lo que había parecido ser, en su momento,
una experiencia desagradable,
resultó ser parte esencial
en la elaboración de su felicidad final.

Voy a añadir mi propia experiencia al caudal de sabiduría sufí, griega, india y china. Al estar escribiendo este libro, poco antes de llegar a este episodio, se me estropeó la máquina de escribir. Me molestó mucho. Estos aparatos electrónicos son una maravilla mientras funcionan bien, y una pesadilla en cuanto empiezan a protestar. Tendría que mandarla arreglar, Dios sabe cuánto tardarían, eso interrumpiría el flujo del escribir, y, desconfiado como soy con máquinas, ya que no con hombres y mujeres, no volvería a fiarme del aparato que me había fallado cuando más lo necesitaba. Me llevé un disgusto desproporcionado, porque le había tomado cariño, y la avería me sonaba a traición. Mala suerte. ¿O buena suerte? ¿Quién lo sabe?

Comenté la desgracia con un amigo, sin sospechar lo pronto y eficazmente que iba a reaccionar. Al día siguiente se presentó con un regalo en la mano: un modelo más avanzado del mismo instrumento. Lo probé. Grababa mejor, tenía cinta autocorrectora, justificación de márgenes, avance opcional de medio espacio y alimentación automática del papel, detalles todos que le faltaban a mi anterior modelo. Me enamoré al primer contacto de la nueva máquina, y con ingratitud vergonzosa ni siquiera me preocupé ya de mandar a arreglar el aparato estropeado. La mala suerte se había cambiado rápidamente en buena suerte.

Y ahora estoy ya deseando que se me estropee también esta máquina.

Boda en palacio

El rey dijo a su hija la princesa:

«He concertado tu matrimonio. Tu esposo será
un joven príncipe valeroso y apuesto que sin duda
te hará feliz y honrará nuestro reino.
La boda tendrá lugar dentro de quince días.
Durante estos días puedes distraerte y divertirte
como la niña inocente que siempre has sido,
y despedirte ya de esa etapa de tu vida
para entrar en otra que espero no sea menos feliz».
La princesa se alegró con la noticia,
se la comunicó a sus compañeras y se dispuso
a pasar quince días de alegría y libertad
antes de afrontar la nueva responsabilidad.

En los juegos y encuentros felices de aquellos días
conoció la princesa a un joven y alegre muchacho,
y quiso el destino que se enamorara de él,
y él de ella.
Bastaron aquellos días de inconsciencia juvenil

para unirlos en amor profundo
antes de que cayeran en la cuenta
de lo imposible de su situación.
Llegó la víspera de la boda, y la princesa
descubrió su desesperación a su amado:

«Soy la hija del rey y estoy prometida por él
a otro príncipe con el que he de casarme mañana.
Debería habéroslo dicho antes,
pero mi amor fue más rápido que mis palabras,
y ya es demasiado tarde.
Sé lo que sufrís vos, y vos sabéis lo que yo sufriré,
pues tan grande es mi amor a vos
como el vuestro a mí;
pero sabed que siempre seré vuestra en mi corazón
hasta el fin de mis días y por toda la eternidad.
Y si el Dios de los amantes me oye,
él encontrará alguna manera de devolverme a vos,
y yo os esperaré siempre».
El joven contestó: «Vuestro dolor alivia el mío,
pues yo también he de casarme
con quien mi padre ha dispuesto,
pero también seré vuestro mientras viva,
y vuestro moriré».

Al día siguiente
se celebró la boda con todo esplendor.
La novia pidió que se le permitiera mantener
el velo caído hasta el último momento, gesto que
los asistentes interpretaron como modestia,
pero al que ella recurría para ocultar las lágrimas.
Por fin llegó el momento de verse frente a frente
con quien ya era su marido.
Ella se levantó el velo aguantando las lágrimas,

y él se levantó la visera del casco.
Las lágrimas se le secaron en su fuente
a la princesa, porque el príncipe con quien
se había casado no era otro que el joven
de quien se había enamorado aquellos días.
El era el príncipe destinado a casarse con ella,
aunque ninguno de los dos lo sabía.

Sus respectivos padres habían dispuesto la boda
sin informar a los interesados
sobre su respectiva pareja.
Ellos se habían encontrado por casualidad,
se habían enamorado por necesidad, y en la boda
se encontraron con el feliz desenlace de que
para ambos su pareja resultó ser su amor.
La boda no pudo ser más feliz, y ambos padres,
al ver la felicidad de los novios,
se felicitaron mutuamente
por la sabia elección que habían hecho.

Gozamos buenamente de lo que podemos en esta tierra, nos amamos, nos entendemos, reímos, hablamos, comemos y viajamos y nos entretenemos, y aun a veces llegamos a disfrutar de veras, pero siempre con una reticencia oculta, con un poco de miedo, con un complejo de culpabilidad. Nos han enseñado que no está del todo bien el gozar, que eso sólo pertenece a la otra vida, que a quien hay que amar es a Dios, y por eso nos queda un resquemor por dentro cuando en este mundo amamos a alguien y nos divertimos y lo pasamos bien. Hay que casarse sólo con quien decidan nuestros padres.

Y creo yo que, cuando llegue la boda y vayamos al cielo y se levante la visera y se quite el velo, nos vamos a encontrar con que el rostro que vemos refleja, (con infinita hermosura y brillante majestad, desde luego, pero con extraña fidelidad y detalle) los rostros de todos aquellos a quienes hemos amado en esta vida, que su risa resuena con las alegrías que aquí hemos disfrutado, que sus ojos reflejan los paisajes que hemos admirado, y su voz recoge los cantos que aquí en la tierra hemos cantado. El joven de quien nos habíamos enamorado era, sin saberlo nosotros, nuestro prometido. Los placeres de esta vida eran entrenamiento para el cielo. El prójimo —y en él el compañero, el amigo, el amante— era Dios.

Echad al vuelo las campanas, que hay boda en palacio.

Una tonelada de arroz

Una mujer que deseaba vivamente
encontrar la paz en medio de
sus quehaceres domésticos de esposa y madre,
acudió al sabio Yang Zhu y le rogó
le instruyera lo más rápidamente posible
para alcanzar la iluminación enseguida
y poder volver a su hogar con el ánimo ecuánime,
ya que tenía plena fe en que, una vez
liberada su mente de la ilusión que es la vida,
podría dedicarse plenamente a sus deberes
sin que éstos turbaran
en manera alguna su espíritu.
Sabía que esto era así, y estaba dispuesta a hacer
todo lo que se le dijera para llegar a la liberación
interior en el breve tiempo de que disponía.

El sabio respondió: «Genuino es tu deseo,
y ésa es la primera gran condición para alcanzar
el fruto del espíritu. Pero también hace falta
cierta instrucción y ciertas prácticas que puedo ir

enseñándote poco a poco en ratos breves,
según tengas tiempo para venir a verme.
Junto con el gran deseo, la gran paciencia
es también requisito indispensable
para la iluminación.
Me has dicho que tienes un hijo.
En toda su vida tu hijo llegará a comerse
una tonelada de arroz. Pero ¿qué pasaría
si le haces comerse todo ese arroz de una vez?
No le haría bien, sino daño.
Aprende a tener gran deseo y ninguna prisa.
Vuelve cuando así lo desees».

No leas demasiado de prisa este libro. No te indigestes.

El premio Nobel

Casi puedo decir que he escrito este libro para poder contar esta historia. Se me ocurrió al tratar de explicar a un público y a otro la resistencia que todos sentimos a abandonar costumbres, actitudes o creencias que han perdido su valor, pero que nosotros seguimos atesorando por la comodidad de seguir con la rutina, la pereza de intentar algo nuevo, la necesidad de ajustarnos al modo de obrar y pensar del grupo a que pertenecemos y el miedo al castigo por abandonar la tradición e intentar novedades. Hay que sacar a la luz esa resistencia, mirarle a la cara, enfrentarse a ella y decidir en conciencia clara y explícita si queremos libremente seguir en nuestra práctica con razón o sin ella, o si nos decidimos a cambiar de postura y afrontar las consecuencias. En ese contexto el cuento es claro y sencillo, pone al descubierto timideces y anima a ver vistas antiguas con ojos nuevos.

Pero pronto caí en la cuenta de que el cuento era peligroso. T.S. Kuhn ha dicho que el hombre tiene una capacidad infinita de aferrarse a sus puntos de vista en contra de toda evidencia; y a poco que se trate con gente de distintos puntos de vista, se ve que ese dicho es una gran verdad. Algo en lo que uno ha creído durante años se hace permanente, fijo, indispensable, y se defiende contra toda evidencia, y con más fuerza se defiende cuanto mayor sea la evidencia en contra.

Cuando alguien se siente amenazado, pone en juego todos sus recursos de dialéctica, énfasis, convencimiento y agresión, y defiende su causa como su propia vida. Y este cuento resultaba ser una amenaza. Había que distraerlo de alguna manera.

Entonces me acordé de un gran cuento de Chesterton entre las historias del padre Brown: «El signo de la espada rota». Ahí tenía la solución. Cito a Chesterton:

> *Después de un primer silencio, el hombre bajito*
> *(el padre Brown) le dijo al otro (Flambeau):*
> *«¿Dónde escondería un hombre sabio*
> *una piedrecilla?».*
> *Y el hombre alto contestó en voz baja:*
> *«En la playa».*
> *El hombre bajito asintió con la cabeza*
> *y, tras otro breve silencio, dijo:*
> *«¿Y dónde escondería un hombre sabio una hoja?».*
> *Y el otro contestó: «En el bosque».*
> *«¿Y qué haría si no hubiera bosque?».*
> *«Y bien», respondió Flambeau irritado*
> *«¿qué es lo que haría?».*
> *«Plantaría un bosque para esconderla en él»,*
> *dijo el sacerdote con voz oscura.*
> *«Un pecado temible. Si no hubiera ningún bosque,*
> *crearía uno. Y si quisiera esconder*

una hoja muerta, crearía un bosque muerto».
No hubo aún respuesta, y el sacerdote añadió
todavía con mayor calma y suavidad:
«y si alguien quisiera ocultar un cadáver, haría
un campo de cadáveres para ocultarlo en él».

Eso había hecho el general St. Clare. Mató al comandante Murray que había descubierto su traición, y para ocultar el cadáver mandó a la compañía emprender una acción suicida contra el enemigo, en la que casi todos murieron. El general se salvó, pero el resto de la tropa, que conoció el crimen, lo juzgó y lo ahorcó en justicia, colgándole del cuello la espada que se le había roto al cometer el asesinato.

La imaginación de Chesterton me dio la idea. ¿Dónde esconder una piedra? En la playa. ¿Dónde esconder una hoja? En el bosque. ¿Dónde esconder un cuento? En un libro de cuentos. Allí estará a salvo, allí pasará sin llamar la atención, allí será leído sin que nadie se entere de su contenido ni se altere su mensaje. Sólo había que tomarse el pequeño trabajo de organizar el bosque, de preparar el libro, y eso ya está más o menos hecho. Ahora puedo descansar tranquilo. Espero que el cuento pase totalmente desapercibido. Ahí va la hoja perdida en medio del bosque.

En el año 2050, el profesor Newstein, el mayor
físico de todos los tiempos, dio a conocer
su célebre «Teoría general de la absoluticidad»,
que inmediatamente fue aclamada
por todos los científicos del mundo
como la base unificada e insustituible
de toda la ciencia moderna.
No dejaron de notar

que el mismo nombre del profesor
era en sí mismo una profecía de que con él
la física había de llegar a su última perfección,
ya que New-Stein era
una combinación providencial
de los nombres de Newton y Einstein.
Su nombre y su teoría se convirtieron
en símbolo del desarrollo definitivo
de la raza humana en su momento más glorioso.

Un corolario importante de su teoría era
la llamada «ley de la levedad», según la cual,
si un cuerpo pesado se dejaba
sin soporte ni agarre alguno,
se desplazaba inmediatamente hacia arriba,
hasta que alguien o algo lo parara.
Las ecuaciones que definían ese desplazamiento
se deducían con rigor matemático,
y el desplazamiento mismo se podía
calcular de antemano con toda exactitud.

En algunos círculos científicos
hubo cierta dificultad
y se notaron ciertas irregularidades
al llevar a cabo experimentos sobre dicha ley.
Incluso llegó a suceder algunas veces que,
cuando se soltaba un objeto pesado,
caía al suelo, en vez de ascender como debería.
Esa conducta de los cuerpos pesados en contra
de la teoría irrefutable del profesor Newstein
causó en un principio cierta inquietud
en algunos laboratorios, pero pronto se ofrecieron
diversas explicaciones que disiparon toda duda.
Se insinuó que los que habían hecho

tales experimentos
no habían comprendido bien la teoría,
que los experimentos mismos no habían sido
rigurosamente controlados, que nuestros sentidos
son falibles y pueden engañarnos, mientras que
las ecuaciones del profesor Newstein
eran de una exactitud absoluta
y de una certeza fuera de toda duda.
Otros arguyeron que hacía falta llevar a cabo
muchos más experimentos
antes de llegar a una conclusión,
incluso indicaron que el hecho de que hubiera
ciertas imperfecciones en la teoría
era señal auténtica de su verdad,
ya que la materia está sólo
estadísticamente organizada,
y cualquier teoría «demasiado perfecta»
habría de ser por eso mismo falsa.
No faltó quien dijera que, siendo
la física moderna una ciencia muy complicada
y el entendimiento humano limitado,
no podíamos presumir de abarcar
todos sus detalles, y haríamos bien en dejar
a la mente privilegiada del profesor Newstein,
cuya probidad intelectual igualaba a su ciencia,
que nos guiase en su especialidad.
De hecho, circularon también noticias
e informes de laboratorios de buena reputación
según los cuales,
en algunos experimentos al menos,
al dejar libres a cuerpos pesados,
habían ascendido debidamente;
y se subrayó el hecho

de que cierto elemento de misterio
y de paradoja, ya que no de contradicción,
es inherente a las grandes verdades del universo
y prueba de su profunda verdad. En poco tiempo,
la nueva teoría alcanzó una aceptación universal,
y se olvidaron todas las objeciones en su contra.

Solamente se alzó en contra
la tímida voz del profesor Sencomún,
que no tenía ningún sentido común,
y que delicadamente sugirió que,
ya que el importante corolario
de la «ley de la levedad» parecía
contrario a los hechos la entera «teoría general»
de la «absoluticidad» debería ser rechazada
o por lo menos debería dejarse en suspenso
hasta que pudiera comprobarse decididamente.
Pero nadie le hizo caso. Al contrario,
todos los científicos de su país denunciaron
su obstinada ceguedad ante la autoridad
del profesor Newstein y el acuerdo universal
de los hombres y mujeres de ciencia en todo
el mundo, y fue expulsado por unanimidad
de la Real Academia de las Ciencias.

El mismo año, el profesor Newstein
fue galardonado con el premio Nobel de física.

He contado varias veces esta historia ante grupos de hombres y mujeres inteligentes que desean pensar situaciones y definir posturas, y con los cuales hablo, escucho y discuto temas cercanos con apertura confiada. Después de contar el cuento, les pregunto si lo han entendido, a lo cual todos contestan rápidamente que claro que sí, y entonces les invito inocentemente a que den algún ejemplo concreto de su experiencia en el que sigan aferrados a su posición de siempre en contra de toda la evidencia. Y cuando digo eso, se hace silencio absoluto. Se bajan las miradas, se cierran las sonrisas, se paraliza el aire y se hiela la sala. Nadie habla. Y yo tampoco. Me dejo sentir por un rato a mí mismo y a todos la resistencia obcecada que la naturaleza humana ofrece a todo cambio, la negativa redonda a abandonar, con respeto y delicadeza pero con firmeza, una creencia largamente acariciada, aun cuando veamos con claridad innegable que no encaja con la realidad que conocemos. Repito en mi mente con T.S. Kuhn, en cita literal, que «el hombre es un animal prodigiosamente dotado para mantener doctrinas refutadas por los hechos». Así lo compruebo. Nadie quiere hablar, lo que me hace sospechar que nadie quiere pensar. El silencio se hace penoso, y pronto hay que rendir la conversación. Pasamos a hablar de otros temas y contar otros cuentos. El momento importante ha quedado rápidamente olvidado, y el signo de la espada rota ha perdido su significación. Tenía razón el padre Brown. La piedrecilla ha pasado desapercibida en la paya, y la hoja en el bosque. «Yo por mi parte», dijo el padre Brown al detective Flambeau, «no revelaré el secreto». Yo tampoco.

Hijo de la tribu

El joven africano
escuchó con avidez las instrucciones.
Se trataba del momento más importante de su vida.
El rito que iba a hacerlo hombre.
Había llegado a la pubertad y, para ser ahora
aceptado como miembro adulto de la tribu,
tenía que pasar las pruebas tradicionales
que demostrarían que era fuerte,
sensato, responsable y digno de confianza.
Si fallaba en el examen, volvería a ser niño
hasta otra estación, con la vergüenza del fracaso
y la impaciencia de la espera.
Por eso escuchaba con atención total, dispuesto
a llevar a cabo con exactitud inmediata
las órdenes secretas de los ancianos de la tribu.

Estas fueron las instrucciones: debía partir solo
hacia la selva sin arco ni flechas,
sin lanza ni escudo, y morar y andar en ella

hasta ver y ser visto por un león, un rinoceronte,
una serpiente pitón y un elefante.
En ningún caso debía huir o defenderse,
y no debía tomar alimento alguno ni beber agua,
por apetitosos que fueran los frutos que viera
y cristalinos los arroyos que cruzara.
Una vez alcanzado el cuádruple objetivo,
debía volver inmediatamente e informar a la tribu.
Eso era todo.

El joven partió al instante y se dirigió
hacia las praderas de altas hierbas,
donde sabía que los leones esperaban a sus presas
y donde no le sería difícil ver al rey de la selva
y ser visto por él.
Pronto lo divisó, recostado bajo un árbol,
en la majestad despreocupada
de su serena presencia.
Contuvo el aliento y esperó
hasta que el león se dignara mirarlo.
Al fin, el león alzó la cabeza,
paseó su mirada por el horizonte
y se detuvo un momento
en la figura esbelta del adolescente inmóvil.
Se cruzaron las miradas del aspirante a hombre
y del dueño de la selva, en reconocimiento mutuo
de dignidad adivinada.
Se aseguró el joven de que el león lo había
mirado para poder afirmarlo ante la tribu,
y partió despacio con la bendición de la selva,
sabiendo que había logrado
el cometido más difícil.

De vuelta en la selva, pronto vio
una serpiente pitón enroscada en un árbol
y afrontó su mirada sin parpadear.
También conocía los terrenos del rinoceronte,
y de lejos, pero con certeza, lo avistó
y se supo avistado, leyendo en el aire el mensaje
de recelo y advertencia del animal desconfiado.
Ya sólo le faltaba lo más sencillo, que era
el elefante. Muchos habían por los alrededores,
y no tardaría en encontrar una manada
o un macho suelto
y verlo y hacerse ver con prudencia.
El elefante no ataca si no es atacado,
y no había mayor peligro.
Con encontrar pronto uno
quedaría cumplida la tarea.

Pero no lo encontraba.
Recorrió todos los terrenos propicios,
buscó huellas,
oteó horizontes, esperó en vaguadas,
pero no logró ver un solo elefante.
Entonces comenzó a sentir hambre.
Hasta aquel momento no había contado los días
ni las noches ni había sentido hambre ni sed,
pero al prolongarse la búsqueda y surgir el temor
al fracaso, comenzó a sentirse débil y a dudar.
¿Hasta cuándo podía seguir buscando?
¿Qué haría si no lograba encontrar un elefante?
El preferiría dejarse morir
de hambre y sed en la selva
para salvar la dignidad, ya que no la vida,
pero las órdenes eran regresar a la aldea vivo
e informar puntualmente de lo sucedido.

Aguantó hasta el último momento, pero no logró
divisar a ningún elefante, y volvió
con paso triste a su tribu a contar lo sucedido.

Después de oírlo, habló el jefe de la tribu:
«Has pasado la prueba. Sabíamos que no podrías
ver a ningún elefante,
porque los habíamos espantado
de antemano de toda la comarca.
La prueba no era el ver animales,
sino el decir la verdad, y tú la has dicho.
Desde hoy eres uno de nosotros con pleno derecho.
Eres hijo de la tribu».

Decir la verdad no es mero mandamiento externo que nos obligue a no mentir para salvaguardar así el buen funcionamiento de la sociedad. Es algo que va mucho más lejos. Decir la verdad es aceptar la realidad, hacerse paralelo a los hechos, encajar en el cosmos. Decir la verdad es ser persona entera, hacerse de una pieza, comulgar con uno mismo. Es la misma integridad del ser la que está en juego, es el pensamiento que se ajusta a los hechos, y la palabra que se ajusta al pensamiento; y, con eso, realidad, percepción y expresión forman un todo unánime que da firmeza a la existencia y sentido a la vida. El culto a la verdad no es rito externo a una divinidad pagana, sino vida íntima de conciencia transparente, mirada rectilínea y valor verbal. En sánscrito, la palabra «verdad» y la palabra «ser» tienen la misma raíz. Decir la verdad es, en último término, ser.

Un rito de la iniciación de los misterios eleusinos
consistía en tapar con cera los oídos

del iniciado, vendar sus ojos y dejarlo solo
en una cámara oscura donde se le había dicho
oiría voces secretas y vería resplandores extraños
que luego debería describir a sus maestros.
El deseo de satisfacer a las preguntas y conseguir
la iniciación llevaba a algunos candidatos
a describir sonidos y luces reales o imaginados.
La verdadera respuesta que los maestros
de la iniciación aguardaban con paciencia
era que, fuera de los sonidos huecos de un cuarto
solitario y del juego permanente de luces y sombras
en los cerrados, no había habido
comunicación extraordinaria alguna.
La sinceridad es el primer requisito
para la admisión.
El fingir no lleva a ninguna parte.

Muchas veces he ajustado mis palabras a lo que se esperaba que yo dijera. Muchas veces he imaginado sentimientos, he creado experiencias, he forzado interpretaciones para poder decir ante una sociedad expectante y exigente que sí, que yo también lo había visto, lo había oído, lo había sentido, que era evidente y natural, y siempre había sido así y siempre lo sería, y que yo me consideraba orgulloso de ser un testigo más en la lista de siglos. He imaginado voces y creído ver luces, he subrayado afirmaciones y declarado certezas. He visto lo que me habían pedido que viese. Y me ha costado bastante tiempo caer en la cuenta de que con ello me estaba haciendo un flaco servicio a mí y a la tribu.

Vuelta, pues, a la sinceridad sencilla. Diré lo que siento y manifestaré lo que haya visto. Y diré también, sin miedo y sin rubor, lo que no haya visto. He llegado a saber que no se trata de ajustar mis declaraciones a lo que otros quieren que yo diga, o a lo que yo creo que quieren que diga, sino de decir lo que yo de veras siento y veo y vivo y, como tal, estoy dispuesto a decir, con toda la humildad y el valor que haga falta. Esa es la verdadera iniciación en el misterio del ser, el sabio ritual de la selva aborigen que sabe hacer del adolescente un hombre.

No he visto al elefante. Ahora puedo ser hijo de la tribu.

¿Adónde vas, pajarito querido?

A pocos kilómetros de la ciudad donde resido, Ahmedabad, se encuentra el *Nalsaróvar* o «Lago de los juncos», inmensa extensión de aguas casi llanas, mansas, de escasa profundidad y ningún movimiento, amigas de millones de juncos que las adornan como peinetas altas en su lujo verde. Allí buscan refugio, cuando el invierno se hace nieve en países remotos, bandadas incontables de aves de todo genero que conocen y aprecian la hospitalidad india de suave clima y generosa bienvenida, y de ella viven, año tras año, como visitantes de excepción en una tierra en que todo huésped es sagrado.

Apenas se inclina el calendario a sus últimos meses cuando los vemos cruzar los cielos en la dirección que ellos bien saben y nos recuerdan a nosotros con su instinto infalible. ¿Quién sabe sus nombres? Aves grandes de lento volar, aves menudas de aleteo frecuente, grupos pequeños de familia íntima, y bandadas sin fin que cubren el arco entero del cielo sobre nuestras cabezas. Y siempre el vuelo ordenado, la jerarquía marcada, la línea geométrica, la «V» mayúscula como grafismo itinerante sobre fondo azul. Para descifrar el misterio de la «V» voladora cito los estudios de R. Schieferstein y T. Schwenk en *«El caos sensible»*:

Las aves, volando en formación triangular,
están, por así decirlo,
ligadas las unas a las otras
por el aire que las relaciona o, más exactamente,
por la elasticidad de dicho aire.
Semejante grupo de pájaros constituye un todo,
y el aire que los sostiene forma parte de ese todo.
La bandada se mueve en el seno
de una «forma aérea»
creada por el mismo aire y que reacciona a su vez
sobre cada pájaro del grupo.
Una comparación nos ayudará
a comprenderlo mejor.
A menudo podemos observar en los estanques
cómo un cisne que nada va dejando
una estela triangular de olas tras de sí,
sobre la que a veces sus polluelos
se dejan transportar.
Todo arco en marcha
deja tras de sí una estela semejante.
Los indígenas de la Costa de Oro utilizan
semejantes estelas con sus pequeñas canoas.
Ellos reman con sus pequeños navíos
detrás del barco a vapor,
hasta haber alcanzado su misma velocidad
y después sitúan sus embarcaciones
sobre la pendiente anterior
de la cresta de una de las olas.
La ola los transporta a la misma velocidad
que el vapor, sin que tengan
que molestarse en remar.

Esta es, aproximadamente, la imagen
del vuelo triangular de los pájaros.
Cada uno de ellos flota sobre una «ola»
que ha sido inscrita en el aire
por el pájaro que vuela en cabeza.
Los movimientos de las alas
siguen el vaivén de la ola
y ponen en evidencia la forma aérea,
invisible y vibrante,
que envuelve y transporta a todos esos pájaros.
Así, cada pájaro vuela en un punto bien preciso
de la estela aérea, que abraza y reúne
a todos los miembros del grupo.
Cada pájaro debe gastar muy poca energía,
dado que el movimiento de la ola aérea
le eleva y le baja las alas, por así decirlo.
Si uno de estos pájaros dispone de fuerza de sobra,
entonces hace algo más que dejarse llevar:
reforzará la ola a base de golpes de ala,
aportando así energía a la forma colectiva,
de la que se aprovecharán los más débiles.
Estos últimos obtienen energía
a partir del «campo de aire» en movimiento.
Desde luego que el pájaro que marcha
en cabeza también extrae de allí energías.

El vuelo en formación de la bandada constituye
una totalidad, un organismo en el que los animales
por separado son como los órganos.
Es un nuevo cuerpo,
creado a partir del aire en el que
—al igual que en el cuerpo sonoro
nacido de una orquesta—
el instrumento particular se une en gran parte

a la unidad superior para la cual es necesario.
Las aves, como elementos
individuales de una bandada,
están unidas las unas a las otras por el aire
que las envuelve como si fuese por hilos elásticos.

Esto hace posible los largos desplazamientos
de las aves migratorias. El aire las soporta.
El ave es un ser aéreo,
y es imposible que el aire la deje caer.

Debió de ser contemplando esas bandadas de aves cruzar geométricamente el cielo abierto sobre mi terraza como se me ocurrió la historia sencilla o, mejor dicho, el interrogante vital que paso a contar.

Una bandada de aves en forma de «V»
cruzaba el cielo
cuando a una nube que compartía el mismo cielo
se le encendió la curiosidad y quiso saber
adónde se dirigían y qué planes tenían.
Esperó a cruzarse en su camino y, con delicadeza,
sin molestar ni entorpecer la marcha,
que adivinaba seria e importante,
se acercó cuidadosamente
al último pájaro en una de las ramas de la «V»
y le preguntó con dulzura: «Dime, querido pájaro,
si se puede saber y puedes decírmelo,
«¿adónde os dirigís
en un vuelo tan recto y tan largo,
y qué vais a hacer allí?». El pájaro, sin dejar
de volar al ritmo de sus compañeros, contestó:
«¡Ay, si yo lo supiera! Pero no tengo ni idea.
Yo no hago más que seguir
al compañero que me precede.

Voy adonde va él, y vuelo hacia donde él vuela.
Pregúntale a él. El lo sabrá».

La nube se adelantó un poco, hasta alcanzar
al pájaro anterior, y recibió la misma respuesta.
Y así fue pasando de un pájaro a otro
y de una rama de la «V» a la otra,
sin lograr saciar su curiosidad.
Todos le decían que ellos no sabían nada
y que preguntase a los demás, que ellos sabrían.
Pero nadie sabía nada.
Cada uno seguía al que tenía delante,
sin pregurtarse más, y no podían dar respuesta.
A la nube se le acrecentaba la curiosidad con ello,
y no le quedó mas remedio que dirigirse
al pájaro del vértice de la «V»,
aun a riesgo de molestarlo y distraerlo
en su importante tarea de líder del grupo.
Se disculpó, pues, y le preguntó adónde iba
con todos aquellos compañeros que lo seguían.
El pájaro de guía contestó: «¡Qué más querría yo
que saberlo! ¡No tengo ni idea adónde vamos.
Pero todos éstos me vienen empujando por detrás,
y no tengo más remedio que seguir volando,
aunque sin saber adónde me llevan.
Ellos lo sabrán! Pregúntaselo a ellos».

Quizá fue el observar las formaciones de pájaros en el cielo lo que me hizo imaginarme ese diálogo; quizá fuera también el pensar en la explicación tan científica como bella de la «V» de alas que se ayudan todas al volar juntas sobre la estela común lo que me hizo fantasear sobre nubes curiosas y pájaros inocentes. Pero sé muy bien que al hacerlo proyectaba sobre aves y cielos las inquietudes y experiencias de mi propio sentir. Que para eso precisamente están las parábolas y las fábulas.

Por aquellos días había recibido yo la visita de un celoso sacerdote que me contó su situación. Unos treinta años antes, él había fundado un instituto religioso que había florecido, modesta pero eficazmente, durante un buen tiempo. Había fervor, había necesidad, había tareas y había entusiasmo, y pasaron años y aumentó el número y se hizo mucho bien y se consolidó el grupo. Pero ahora las cosas habían cambiado. Ya no había tarea clara ni misión urgente. El fundador de entonces no veía el camino ahora. Con toda honradez declaraba que no veía ya utilidad ni razón de ser en el grupo. Pero ¿cómo dejarlos? Eran varios centenares de hombres y mujeres que le habían consagrado los mejores años de su vida y que ahora, si él les fallaba, no tenían adónde ir. No podía dejarlos en la calle. No podía decirles que las circunstancias habían cambiado y que los ideales y trabajos que habían sido válidos hacía algunos años ya no lo eran ahora, o por lo menos él ya no lo veía así. Y por eso seguía, año tras año, inventando tareas y disimulando desengaños, siguiendo adelante con el grupo de alguna manera, para bien de todos. Alguna vez sí había intentado decirles suavemente que ya notaba el peso de la edad y quería retirarse, pero sus seguidores se habían asustado y le habían insistido en que siguiera en su puesto de director, ya que lo necesitaban y deseaban su liderato mientras él pudiera trabajar como ciertamente podía. Y así seguía el grupo. ¿Quién dirigía a quién? ¿Quién empujaba a quién? Que se lo pregunten a la nube.

¡Cuántas organizaciones, instituciones, asociaciones y proyectos siguen en marcha solamente porque un día empezaron y no se ha visto el momento de pararlos! Se comienza bien, se descubre una necesidad, se siente un deseo, se formula un ideal, se junta un grupo y se vive la ilusión compartida de luchar juntos por una causa santa. Poco a poco se desdibujan los ideales y se desvirtúa el trabajo. Pero entonces surgen los intereses creados, el grupo necesita perpetuarse, los miembros quieren seguridad; y, en consecuencia, las normas se hacen rígidas; se invocan tradiciones antiguas para seguir haciendo lo que siempre se ha venido haciendo, aunque no se vea ya su utilidad; se sigue adelante porque hay que seguir, aunque nadie sepa ya adónde se va. Aves valientes de continuo volar. ¿Adónde vais? Todas evitan la pregunta, porque no saben la respuesta. Y siguen volando.

Sé que sigo proyectando sobre otros mi propia pregunta. No se trata ya de grupos o de asociaciones, sino de mi propia vida. ¿Adónde voy? Llevo bastante tiempo volando, he cruzado mares y sobrevolado continentes, he cubierto largas distancias y avanzado en direcciones fijas, y sigo moviendo las alas, sigo trabajando, sigo pensando, sigo hablando como he hablado siempre y escuchado el aleteo de mis compañeros como lo he escuchado siempre. Soy consciente de que la formación en «V» me ha ayudado, la «ola aérea» me ha sostenido, la estela azul me ha llevado en sus ondas, y me consuelo pensando que no faltará quien, al observar nuestro vuelo constante, haya disfrutado un momento de gozo y de hermandad con todos los que volamos y soñamos y vivimos. Podía yo seguir así hasta el final sin hacer preguntas indiscretas y sin amenazar la estabilidad del grupo que sigue volando, pero se me ha despertado la curiosidad y no hay manera de acallarla. ¿Adónde voy? ¿Adónde va la ola de plumas que cruza los aires con gesto de flecha sobre horizontes expectantes? ¿Adónde va mi vida? Sé que hay respuestas. Si se les pregunta a los que van por delante en política, en sociedad, en pensamiento, en religión, saben dar cuenta de su posición y describir caminos y adelantar metas. Lo sé muy bien. Yo también he dado respuestas, he hablado, he escrito, he animado y he convencido a quienes preguntaban por la ruta y dudaban al caminar. Pero, a fuerza de repetir las certezas de siempre, me han comenzado a sonar como menos ciertas, y me pregunto si no estoy repitiendo fórmulas que aprendí de oído y recito de memoria. Las respuestas oficiales nunca son respuestas. Los que van por delante siguen proclamando con eficaz firmeza su convicción ferviente. Pero mi traviesa imaginación piensa que, si se les acerca la nube y les pregunta despacito, callandito, sin que nadie se entere, que a ver si le pueden decir hacia dónde van, ellos le contestarán en conspiración de sonrisa pactada: «No se lo digas a nadie, pero no lo sabemos. Los de atrás nos empujan, y eso es todo. Pero, por favor, que no se enteren de que hemos dicho eso. Serás discreta, ¿verdad?». Y la nube sabe ser discreta. Sabe disolverse y desaparecer sin dejar rastro, llevándose con ella su secreto. Por eso hay tantas nubes en el cielo, y a los pájaros les gusta hablar con ellas.

La nube de la parábola,
cuando oyó la confesión del pájaro delantero,
se molestó y quiso protestar.
Le pareció absurdo que las aves volaran
sin saber adónde y se engañaran creyendo unas
que las demás lo sabían, no sabiéndolo ninguna.
Pensó denunciar el engaño y acabar con la farsa.
Iba a decir: «¡Abajo todo el mundo!
¡Tomad tierra inmediatamente

y enfrentáos a la realidad!
¿Qué sentido tiene seguir volando
cuando nadie de vosotras sabe adónde vais?
¡Se acabó la función!».
Pero pronto recordó la nube su condición de nube.
Se había dejado llevar por un momento
por la manera de pensar de los hombres y mujeres
que conocía allá abajo en la tierra
y por su modo de ver las cosas,
que conocía a fuerza de observarlos,
y había exigido un objetivo, una dirección,
un plan, un itinerario para justificar un vuelo,
como hacían siempre
los hombres y mujeres de la tierra.
Pero volvió a ser nube, a ser blancura ingrávida
sobre mar y tierra, a hacerse y deshacerse
en conspiración celeste de blanco y azul.
Volvió a ser discreta y, más que discreta, sabia.
Y se calló después de oír hablar al pájaro
del vértice de la «V»; y antes de que los de atrás
pudieran preguntarle qué le había dicho el líder,
ella se esfumó traviesamente
con magia instantánea.
Pero, antes de desaparecer del todo,
susurró al oído de cada pájaro un tierno mensaje
en el que iba todo su corazón.
Y éste era el mensaje:
«Sigue volando, pajarito querido,
sigue volando; ¡y disfruta tu vuelo!».

Sigue viviendo, alma mía querida, sigue viviendo; ¡y disfruta la vida!

Dioses, pájaros y hombres

La literatura pali, en la que se conservan la mayor parte de las escrituras budistas originales, ofrece un antiguo cuento cuyo tema es el mismo que el de los pájaros voladores que precede, y así lo resumo aquí para defender con el escudo de la antigüedad el atrevimiento de la modernidad.

El sabio Agnana
(cuyo nombre quiere decir «ignorancia»)
había pasado toda su vida meditando
y haciendo penitencia en el Himalaya
para conseguir la respuesta
a la pregunta fundamental sobre el destino
de todos los seres que torturaba su alma:
Nuestro mundo, arrollado por la Ley inflexible
de las causas y los efectos,
y nuestro ser sometido al irresistible Karma
(que son dos maneras de decir la misma cosa),
¿adónde van? ¿Hacia qué meta sublime ascienden
o hacia qué abismo insondable se precipitan?

Viendo que ya le quedaba poco tiempo de vida,
que no había avanzado mucho en la investigación
de la respuesta buscada, y que sin ella su vida
permanecería sin sentido y tendría que volver
a encarnarse para continuar la búsqueda,
decidió dirigirse a los seres sobrenaturales
que viven por encima del hombre y que,
si lo deseaban, podrían darle en un instante
la ansiada respuesta, ya que ellos
contemplaban el panorama completo del universo
desde la altura prominente de su excelso ser.
Se dirigió, pues, al reino de los Asuras,
como más cercanos a los hombres y,
al mismo tiempo, superiores a ellos
en conocimiento y poder.
Allí se dirigió a un personaje que le pareció
más asequible y amable, y le hizo su pregunta:
«Nuestro mundo, arrollado por la Ley inexible
de las causas y los efectos,
y nuestro ser sometido al irresistible Karma,
¿adónde van? ¿Hacia qué meta sublime ascienden
o hacia qué abismo insondable se precipitan?».
El personaje le dijo que no sabía,
pero que preguntase a otros por allí,
que seguro le podrían contestar.

Agnana fue probando suerte con otros Asuras,
hasta que se convenció de que el único que podía
iluminarlo era el jefe de todos ellos,
y a él se dirigió y le expuso su preocupación.
El le respondió:
«Es verdad que soy el jefe de mi reino
y sé más que todos los hombres juntos,

pero no sé la respuesta a tu pregunta.
Dirígete al reino de los Devas,
que son dioses más poderosos y sabios
que nosotros, y ellos te responderán».

Sus méritos permitieron a Agnana ascender
un cielo más y llegar al reino de los Devas.

También allí probó fortuna con unos y otros,
y llegó al Deva supremo, que amablemente le dijo
en respuesta a su pregunta:
«Venerable Agnana,
me haces una pregunta muy extraña.
Es cierto que soy sabio, más que ningún hombre
y más que pueda serlo ningún otro Deva,
pero debo confesar que no puedo contestarte.
No, Agnana, no te puedo decir
ni hacia qué meta sublime ascienden
ni hacia qué abismo insondable se precipitan
nuestro mundo arrollado por la Ley inflexible
de las causas y de los efectos,
ni nuestro ser, sometido al irresistible Karma.
Eso, Agnana, lo ignoro. No obstante, deseo
darte un consejo: ve al cielo de los Brahmas;
estoy seguro de que alguno de aquellos seres
sublimes no podrá por menos
de darte la respuesta solicitada
y contentar así tu corazón».

Agnana ascendió con su última esperanza
al tercer cielo, se acercó respetuoso
a uno de sus habitantes, los Brahmas
y formuló su pregunta.
Recibió una rápida respuesta:

«No pierdas el tiempo. Sólo el Brahma supremo
puede contestarte, y lo hará si le caes bien.
Vete directamente a él».
Agnana tuvo que esperar a conseguir
una audiencia, observó la conducta
de los que se acercaban al trono,
hizo profundas reverencias al acercarse
y propuso humildemente su pregunta,
añadiendo que nadie había sabido contestarla,
y que por eso se había visto obligado
a acudir a la única divinidad que podía hacerlo.
El Gran Brahma sonrió halagado y dijo:
«Satisfaré tu deseo, hombre mortal y sabio asceta,
ya que tanto interés has mostrado en ello
y tan fácil es para mí hacerlo. Pero antes
he de atender a ciertos negocios urgentes
en otro lugar de mi reino, y te ruego me excuses.
Mientras tanto, mis servidores te ofrecerán
la comida y bebida que bien te mereces.
Vuelvo enseguida».
Agnana había superado
todo deseo de comer o beber,
pero le consumía el deseo de saber,
sobre todo al sentirse ya tan cerca
de la respuesta final, y así dijo:
«Señor, con vos iré y con vos volveré
y a vuestro lado estaré dondequiera que vayáis,
y en cualquier momento que encontréis reposo
podéis comunicarme la respuesta
a mi humilde pregunta».

El Gran Brahma contestó:
«Ven conmigo, ya que así lo deseas».

Lo llevó a solas consigo
a un rincón de sus dominios,
donde nadie podía oír lo que hablaban,
y le dijo al oído con suave voz:
«Oh, sabio, acabas de ponerme en un cruel apuro;
porque, escucha bien, Agnana, te voy a decir
la verdad: este mundo que gobierno, pero que
se halla, no obstante, arrollado por la Ley
inflexible de las causas y de los efectos,
estos seres que me adoran como si yo pudiera
modificar sus destinos, pero que se hallan
sometidos al irresistible Karma,
ignoro adónde van;
no sé hacia qué meta sublime ascienden
o hacia qué abismo insondable se precipitan.
No, Agnana, no lo sé.
Mas, ¿cómo quieres que confiese
mi ignorancia ante los demás Brahmas?
Me obedecen porque creen que soy el dueño
de los secretos que ellos ignoran.
Mi ignorancia pues, Agnana,
no la puedo confesar,
porque el poder de un dios
consiste en parecer desear
lo que no pudo impedir y parecer saber
lo que en realidad ignora, ¿comprendes?».

Y el Gran Brahma, sonriendo bondadosamente,
se despidió de Agnana.

No es extraño que los pájaros no sepan adónde van cuando no lo saben los dioses. ¿Por qué se empeñarán en saberlo los hombres?

De este árbol no comeréis

El maestro quiso probar a su discípulo preferido
y le dijo. «Encárgate tú de la limpieza diaria
de mi biblioteca particular. Quita bien el polvo
a cada armario, cada estante, cada libro,
pues el polvo es enemigo de los libros,
y los libros son guardianes de la sabiduría.
Puedes también hojear y aun leer
los libros que desees de toda la biblioteca,
y eso aumentará tu saber.
Una sola restricción te impongo,
y habrás de guardarla con todo cuidado
si no quieres perder tu puesto y mi estima:
nunca toques para nada este armario del medio.
No le quites el polvo por fuera ni por dentro,
no lo abras, no veas en manera alguna los libros
que hay en él. Es una orden importante, y espero
seas fiel en cumplirla. Ahora, a tu trabajo».

El discípulo se alegró de la confianza
que el maestro depositaba en él,

se entregó con plena consagración
al trabajo de la biblioteca,
quitaba el polvo con esmero,
y luego sacaba el mayor tiempo posible
para leer los maravillosos libros
que iba descubriendo.
Comprendió que ésa era su mejor formación,
y por eso su querido y venerado maestro le había
encomendado aquel trabajo. La biblioteca estaba
mejor cuidada y mejor utilizada que nunca.

Al cabo de unos días, el maestro, asegurándose
de que estaba solo, fue a examinar la biblioteca.
Admiró el orden y la limpieza;
ni un átomo de polvo por ninguna parte.
Sonrió complacido, ya que él amaba los libros
y amaba a su discípulo.
Luego, con paso silencioso, se dirigió al medio
donde estaba el armario prohibido.
Lo examinó con cuidado.
El había dejado ciertos hilos casi invisibles,
ciertas marcas en el polvo, ciertos ángulos
en los libros que delatarían al instante si alguien
los había tocado, por cuidadosamente que fuera.
Pero todo estaba intacto.
El discípulo había cumplido la orden.
No había tocado
un solo libro de aquel armario.

Pasaron más días,
el discípulo seguía limpiando la biblioteca,
y el maestro seguía observándolo a escondidas,
pero el discípulo nunca tocó el armario prohibido.
El maestro anunció entonces que iba a tener

que ausentarse por un mes
para efectuar una peregrinación
que hacía tiempo deseaba mucho,
y dejaba entretanto encargado al discípulo
favorito de la limpieza de la biblioteca
para que tuviera cuidado
especial de ella durante la larga ausencia.
Así se hizo. El maestro partió
y no volvió hasta pasado un mes.
Cuando volvió, se dirigió secretamente
a su biblioteca privada y se fue derecho
al armario prohibido,
donde pudo comprobar una vez más
que ni siquiera con la oportunidad
de un mes entero y la impunidad conferida
por la ausencia del maestro se había acercado
el obediente discípulo a los libros prohibidos.
Eso hizo reflexionar al maestro.

Llamó por fin al discípulo y le dijo:
«¡Estúpido! ¡Me has fastidiado!
Has estropeado todo mi plan. Yo estaba seguro
de que la curiosidad te vencería
y abrirías el armario
y verías los libros, y lo tenía todo preparado
para un plan que a la larga sería para tu bien
y el de todos tus compañeros y descendientes.
Una vez que te hubiese sorprendido en tu falta,
te habría reprendido en público, y así,
con la experiencia de saberte vulnerable
y la humildad de verte reprendido en público,
habrías adquirido el toque humano y compasivo
que aún te falta para poder dirigir a los demás

y ser designado como mi sucesor,
que es lo que yo quería.
Ahora, con tu honradez, tu rigidez y tu falta
de curiosidad humana y de fragilidad terrena,
me has resultado un carácter intransigente
e inhumano y lo has echado todo a perder,
tanto tu porvenir como el de toda mi escuela
y los muchos que de ella dependen.

¡Con los planes tan bellos que yo tenía! ¡Imbécil!
Es verdad que en esos libros
no había nada especial,
y eso es lo que deberías haber descubierto
por ti mismo para tu propia educación.
¡Pero nunca te entraron ni ganas de leerlos!
Desde hoy puedes dejar en paz mi biblioteca.
No importa que se llene de polvo.
No has sido digno de mi confianza.
Me has fallado por completo.
No quiero volver a verte».

Un pensamiento: ¿qué habría sucedido si Adán y Eva no se comen la manzana?

Cinco alpinistas

Un grupo de cinco montañeros amigos
estaban escalando un pico alto y remoto
después de una larga preparación.
Para la ascensión se habían atado los cinco
en una cordada, como es de rigor, ya que así,
si uno de los cinco resbalaba y perdía pie,
los otros, uniendo fuerzas, podrían izarlo
y salvarlo, como tenían bien ensayado.
Todo hizo falta en la ardua ascensión,
pues la cumbre era escarpada,
y cualquier caída sobre el valle,
lejano desde tanta altura e inhóspito
en su salvaje y primitiva belleza,
había de resultar necesariamente fatal.
Paso a paso avanzaban hacia el vértice blanco,
con firme voluntad de conquista segura.

Todo fue bien hasta que uno de los cinco
resbaló y cayó con fuerza hacia el vacío.

En su caída arrastró al compañero más cercano,
que nada pudo hacer por detenerlo,
y éste a su vez arrastró al siguiente,
hasta que los cinco amigos,
atados aún por la firme cuerda, comenzaron
su descenso vertiginoso hacia una muerte segura.
La roca no tuvo piedad y,
tras la larga y solidaria caída,
los cinco amigos perecieron en su aventura.

Allá en el cielo, san Pedro se aprestó
a recibirlos y, como había presenciado con interés
su arriesgado alpinismo, decidió hacerles
una sola pregunta, la misma a todos
para decidir si podía admitirlos en el cielo
o no. Llegó el primero de la cordada,
y san Pedro le preguntó:
«He visto que has caído desde una gran altura
a una soledad de piedra,
y la caída ha sido larga, ya que estabais
a punto de alcanzar la cumbre cuando caísteis.
Dime, pues, y dime con sinceridad,
pues de tu respuesta dependerá tu suerte,
¿en qué pensabas mientras caías por el aire
desde la cumbre hasta el valle
en que encontraste la muerte?
¿Qué pensamientos pasaron por tu mente?».

El primer alpinista contestó: «En cuanto
me desprendí de la roca, caí en la cuenta
de que aquello era el fin, y todo lo que pensé
fue lo tonto que había sido al embarcarme
en una locura
que bien sabía yo había de acabar mal.

Pero me dejé convencer, y tenía que pagar
las consecuencias. Me dio mucha rabia,
y con esa rabia me estrellé».
San Pedro le dijo:
«Lo siento, pero no puedes entrar».

El segundo contestó: «Yo me vi caer y, aunque
comprendí que la situación era desesperada,
no perdí toda esperanza y traté, según caía,
de ver si había algún saliente que yo pudiera
agarrar con las manos o con la cuerda
para quedar enganchado allí y salvar mi vida
y la de mis compañeros.
Pero ya ves que no lo conseguí, y aquí estoy».
San Pedro reflexionó un momento y sentencio:
«Tampoco tú puedes entrar aquí».

El tercero contestó: «Yo no pensé en mí mismo,
sino en mi mujer y mis hijos.
Me dio gran pena pensar que con mi muerte
mi mujer quedaría viuda, y mis hijos huérfanos.
Con esa pena en el alma morí».
San Pedro lo miró con cariño y comprensión,
pero luego le dijo suavemente:
«Está bien, pero no puedes entrar».

El cuarto contestó: «Desde el primer momento
de la caída, yo pensé en Dios.
Le encomendé mi alma, le pedí perdón
por todos mis pecados con contrición
sincera y, aunque no tenía mucho sentido
hacer propósito de enmienda y prometer
no pecar más cuando sabía que ya no había
de tener la ocasión, sí expresé mi dolor por haber

ofendido a Dios y me entregué a su misericordia».
San Pedro se rascó la cabeza pensativo y, por fin,
dijo: «En eso hiciste bien, pero fue un poco tarde.
Tampoco tú puedes entrar, hijo mío».

El quinto contestó: «Yo vi desde el primer momento
que me quedaban sólo unos instantes de vida.
Abrí los ojos y vi a mi alrededor
la vida más bella que el hombre puede imaginar.
Mientras escalábamos la cumbre,
estaba demasiado preocupado
con la ascensión y agotado por el esfuerzo
para fijarme en la belleza del paisaje;
pero, una vez libre de toda preocupación
en aquella soberbia caída, pude dedicarme
a disfrutar con toda el alma del espectáculo único
de las montañas, la nieve, el valle y las nubes,
todo visto desde la perspectiva privilegiada
del vuelo de pájaro que por unos instantes fue mío.
Con esos felices sentimientos estaba
cuando me llegó el fin».
San Pedro le puso la mano en el hombro y le dijo:
«Adelante, hijo mío. Este reino es para ti».
Entraron los dos juntos en el cielo
y se cerró la puerta.

Las parábolas tienen un punto de contacto con la realidad, una lección, una moraleja que grabar en la memoria cuando se cuentan oralmente a cielo abierto ante un público numeroso y expectante, dispuesto a llevarse en su recuerdo una imagen, una frase, una conclusión que ilumine y aliente en la vida, y a la que todo lo demás sirve de acompañamiento sonoro, de fondo artístico, de follaje lingüístico para resaltar el impacto único del mensaje certero. Los detalles son para olvidarlos una vez que se ha captado la idea fundamental en toda su sencillez y claridad.

La idea fundamental en este caso es la importancia de vivir el momento presente con todas sus posibilidades, sin perderse en memorias de pasado o preocupaciones de futuro. Todo el resto de la parábola es ropaje necesario para completar el cuadro y dar vida a la idea. El momento presente tiene siempre algo que lo valora y lo redime; y, si sabemos orientar nuestra vida al paisaje del momento, lograremos la colección de cuadros que harán valioso nuestro museo personal. Valorar cada instante es el secreto de consagrar el tiempo. Vivir día a día es la manera de realzar el calendario. La idea es tan sencilla como práctica y bienhechora. Quien no sepa vivir en el aquí y ahora no sabrá vivir en el allí y entonces. Quien no disfrute con el presente no puede soñar con el futuro. Quien no lo pase bien en esta vida no tiene derecho a pasarlo bien en la otra. Así de fácil.

Lo curioso es que, al proponer este cuento a diversos tipos de oyentes, las reacciones que he recibido han sido siempre desfavorables. A pesar de que el contexto, el enfoque y el énfasis resaltaban la lección única del momento presente, todos se distraían y atacaban el cuento inocente. Todos los montañeros encontraban defensores, menos el último. Doy algunas muestras de comentarios auténticos al oír la historia.

El que se acordó de Dios y rezó, es quien siempre tiene más partidarios. ¿No nos han enseñado que un acto de contrición en el último momento borra todos los pecados? Y si el que se acordó de Dios merece el cielo, no menos lo merece el que se acordó de su mujer y sus hijos en cariño postrero. También el que hizo lo posible por detener la caída hasta el último momento encuentra defensores, porque al fin y al cabo ése era su deber, y quien muere cumpliendo con su deber muere bien. Incluso el primer infeliz que maldijo su suerte merece indulgencia, al reconocer su equivocación y lamentarla a su manera. En cambio, el último alpinista es quien sale peor parado en los comentarios. Lo encuentran egoísta, frívolo, irresponsable, al divertirse mirando a pájaros y a nubes, en vez de prepararse a bien morir. Siempre me sale el cuento al revés.

Y siempre me asombro y expreso mi asombro, como lo hago ahora ante la resistencia irracional pero determinada que oponemos todos a la simple tarea de enfrentarnos con el presente. Todo menos mirar de frente. Nos refugiamos en el pasado, en memorias, en añoranzas, en remordimientos o huimos hacia el futuro con sueños, preocupaciones, imaginación o deseo. Pero evitamos con todas nuestras fuerzas el ver la realidad presente, el concentrarnos en lo que hacemos y en sacarle el fruto a cada momento tal como se presenta en la existencia fugaz de la oportunidad momentánea. Somos campeones de la fuga. ¡Y así me luzco yo con mi historia siempre que la cuento! ¡Pobre alpinista y pobre parábola! Siempre me salen maltratados.

Al cerrar la puerta del cielo,
murmuró san Pedro para sus adentros:
«Pero ¿cómo voy a dejar entrar en el cielo
a quien no ha sabido disfrutar de la tierra?
¿Cuándo se enterarán los de allá abajo?».

Apuesto, lectora o lector, que tú también estás en contra de mi parábola. ¿No es así?

Blanco y negro

Un misionero estaba predicando el Evangelio
a aborígenes en el corazón de Africa y,
para hacer la catequesis menos abstracta
y más atractiva,
dada la imaginación de sus oyentes,
se había traído de su tierra en Europa
una serie de grandes láminas
en las que estaban plasmados con vivos colores
los principales dogmas de su predicación.
Aquel día la lección era sobre el infierno,
y contaba para la ocasión con una lámina
especialmente dramática, ya que en ella el artista
había dibujado los tormentos de los condenados
con realismo dantesco
en su abundancia y variedad.
El misionero comenzó su sermón con todo fervor,
y en el momento oportuno desplegó la lámina
y subió el tono de la voz y los comentarios
para conseguir el mayor efecto con la unión

de la palabra y la imagen.
Pero quedó desconcertado cuando se encontró
con que, al ver la lámina,
sus oyentes comenzaban a hacer
comentarios entre ellos y a reírse de buena gana.

Perdió el hilo de su sermón y preguntó
sorprendido y enfadado a su primer catequista,
que estaba sentado en primera fila
y se había reído tanto como cualquiera:
«¿Se puede saber por qué os reís
ante una cosa tan seria?».
Y el catequista le contestó de buen humor:
«Pero ¿no se ha fijado usted, padre?
¡Todos los que hay en el infierno son blancos!».

No se trata sólo de una broma antirracista, sino de algo más profundo. Los aborígenes de los cinco continentes no participan del concepto de pecado que tiene el hombre blanco. El concepto del pecado como ofensa personal a Dios, el sentimiento de culpabilidad que de ahí resulta y el castigo necesario del infierno eterno son exclusiva «blanca». No se trata de discutir ni de tratar de convencer a nadie o dejarse convencer, pero sí de pensar con humildad realista que el saber cómo piensan otros pueblos nos puede ayudar a suavizar nuestras propias ideas, matizar nuestra conducta y enriquecer nuestra vida. Las láminas de la catequesis europea no valen en Africa.

Jubilación honrosa

Una historia auténtica de los anales de los ferrocarriles indios.

Un trabajador llamado Rámsharan Cháudhari
se jubiló después de haber trabajado
durante treinta años en el mismo puesto
y en la misma estación de Benarés.
Sus compañeros y jefes organizaron una fiesta
para despedirlo con los honores que bien se había
merecido por su constancia y fidelidad al trabajo,
y en ella le ofrecieron un reloj de oro
que habían costeado entre todos.
Hubo discursos y felicitaciones,
y el director general,
que presidía la función, le preguntó:
«¿Sería usted tan amable de explicarnos
qué clase de trabajo ha realizado usted
tan fielmente todos estos años?».
El buen hombre mostró entonces el largo

y pesado martillo que había sido su fiel compañero
y única herramienta durante treinta años,
y que había traído consigo a la función, y dijo:
«Cuando un tren llegaba o salía de la estación,
yo tenía que dar un golpe directo a cada rueda
en cada vagón, y gritar, '¡Vale!' Eso era todo».
«¿Y nos podría usted decir»,
insistió el director general,
«¿para qué hacía usted eso?».
A lo cual el honrado trabajador contestó:
«Eso no lo he sabido nunca, señor.
Eso son ustedes quienes deben saberlo».

El buen hombre había estado probando las ruedas de los trenes sin saber lo que hacía, es decir, sin probarlas. El ruido que hace la rueda al ser golpeada, distinto según los casos, debería decirle al trabajador bien enterado de su oficio si la rueda estaba en condiciones de seguir o no; pero a aquel hombre no le habían enseñado esa parte de su oficio y él tampoco lo había preguntado. Durante treinta años había martillado rueda tras rueda, había gritado ¡Vale!, y se había ido a su casa satisfecho por el deber cumplido y con un salario bien merecido. No importa cuántos accidentes de tren ocurrieron en esos años porque el defecto de una rueda no se hubiera descubierto a tiempo. El había hecho fielmente, a lo largo de treinta años, lo que le dijeron que hiciera el primer día. No hagas preguntas y no creas problemas. Haz exactamente lo que se te diga. Si te parece absurdo y sin sentido, piensa que los de arriba entienden y saben lo que se hacen. No te pagan un sueldo por no hacer nada. Algo habrá en ello. El trabajo podía ser monótono y aburrido, pero el buen hombre se sentía orgulloso, porque cumplía con su deber. Una vida entera dando martillazos. Y un reloj de oro al final como regalo. Una honrosa jubilación.

No hagas preguntas. Los de arriba lo saben. Aunque no veas sentido alguno en lo que haces, sigue haciéndolo. Todo lo que se te pide es que hagas lo que se te dice. Sigue dando martillazos a las ruedas. Día tras día y tren tras tren. Haz lo que te dijeron el primer día, aunque haga ya muchos años. Los principios eternos no cambian. Sigue así toda la vida, y al final te regalarán un reloj de oro. Habrá una fiesta en tu honor. Y si te preguntan qué has hecho toda la vida, no tengas rubor en declararlo. Todos ellos han hecho lo mismo.

El ladrón de oro

Este cuento es el número 36 del libro octavo (el *Shuo Fu*) de Lie Tzu, es decir, el último párrafo de todas sus obras tal como han llegado a nosotros. Recuerdo con orgullo fraternal que fueron jesuitas del siglo XVII quienes llevaron por primera vez a Europa los tesoros clásicos de la literatura china, y entre ellos las obras de Lie Tzu, cuyo nombre suavizaron al gusto latino como «Licius», y en cuya doctrina adivinaron y admiraron una profundidad atractiva que iba a abrirse paso, poco a poco, en el ajeno pensamiento de Occidente. Me honro en citar el cuento que mis hermanos revelaron a culturas distintas en gesto proféticamente ecuménico que no había de perderse en la historia.

Hace tiempo vivió en Qi un hombre cuya ambición
era poseer oro. Un día se levantó al rayar
el alba, se vistió, se puso el gorro
y dirigióse al mercado. Al llegar ante un puesto
de venta de oro, se apoderó de éste y se escapó.
Un alguacil lo detuvo.

«¿Cómo se te ha ocurrido coger el oro en presencia de tanta gente?», le preguntó.

«Cuando he cogido el oro no veía a la gente, sólo veía el oro», le respondió[4].

Soy ciego. No veo más que lo que mis pasiones me hacen ver. Veo oro en vez de joyas, clientes en vez de personas, cuerpos en vez de belleza. Y no veo lo que debía ver: no veo la plaza ni el mercado ni la gente ni las tiendas ni los policías que vigilan los puestos de venta. No veo nada. No veo paisajes ni árboles ni pájaros ni flores. No veo la naturaleza ni el cielo ni las nubes. No veo rostros ni miradas ni sonrisas. Sólo veo placer y ambición y locura y orgullo. Sólo veo el reflejo amarillo del pérfido metal. Y me lanzo a agarrarlo, olvidado de todo. Y pago por ello con mi libertad.

Soy ciego. No me entero, no me doy cuenta, no hago contacto. Paso por la vida sin saber por dónde paso; ando sin reconocer el camino; vivo sin vivir. Cuando voy por las calles no veo a nadie, cuando escucho palabras no alcanzo su sentido, cuando como no sé lo que como. Siempre de prisa, siempre de paso, siempre aturdido, siempre corriendo a hacer algo que, una vez que lo hago, veo que no valía la pena y me disparo a hacer otra cosa, o quizá la misma repetida otra vez locamente, con la misma intensidad y la misma ceguera. Loca carrera de insensato bregar.

He perdido el sentido de la proporción en la vida, el horizonte, la perspectiva, la distancia. El sentido de la totalidad, de la majestad de la vida, de la eternidad del tiempo. En la plaza del mercado el pedazo de oro no es más que

4. Lie Zi, *El libro de la perfecta vacuidad*, Barcelona, Editorial Kairós, 1987, p. 175.

un tenue reflejo, insignificante entre las mercancías y escaparates y vendedores y guardias. Si yo tuviera la serenidad de verlo todo y abarcarlo todo con conciencia ecuánime, el oro no robaría mi atención y no me haría perder la cabeza. El equilibrio en la vida viene de la mirada entera, imparcial, universal. Verlo todo, sentirlo todo, sopesarlo todo. Las cosas vuelven a su sitio, el paisaje se ordena, la vida recobra su sentido. Saber mirar es saber vivir.

Y entonces tiene la bella paradoja que alegra la vida. Al liberar mi mirada puedo ver la joya de oro como tal y disfrutar con su esplendor sin arder en mi concupiscencia. La mirada apaciguada y serena descubre los destellos, revela ángulos, valora quilates. Puede ver en profundidad, porque ve con calma. Al ver la joya con espíritu de avaricia, se convertía sólo en un objeto inerte del que hay que apoderarse y meterlo en el bolsillo. El goce estético se revela cuando el alma se libera. Para disfrutar de las cosas hay que purificar los sentidos. La posesión ahoga el goce. Disfruto de las puestas de sol, porque no son mías. El desprendimiento interno realza el arte. La belleza se descubre a los limpios de corazón. La vida es de quienes no la ambicionan. Para poder pasearse con alegría por el mercado de la vida hay que recobrar el equilibrio armónico de la mirada clara. Ahora ya puedo contemplar la joya.

El caballo extraordinario

El siguiente es el cuento 16 de la misma colección de Lie Tzu.

El duque Mu de Qin le dijo a Bo Yue:
«Sois ya anciano, ¿acaso no hay
entre vuestros hijos y nietos
quien pueda encargarse de buscar caballos».
Bo Yue le contestó: «A los buenos caballos
se los conoce por su aspecto,
por sus músculos y huesos.
Pero al caballo superior es como si se escondiera,
no hay manera de descubrirlo.
Cuando galopa, es raudo como una flecha;
no levanta polvareda ni deja huella.
Mis hijos no son gente de gran talento.
Se les puede enseñar
a distinguir un buen caballo,
pero son incapaces de aprender
a descubrir un caballo superior.

Vuestro vasallo tiene un amigo
llamado Jiu Fang Gao.
Con él ha acarreado leña y víveres. En cuestión
de caballos, su talento no va a la zaga
del de vuestro vasallo.
Os ruego que le concedáis una audiencia».

El duque Mu recibió en audiencia a Jiu Fang Gao
y le encomendó la misión
de buscar un caballo superior.
Al cabo de tres meses, Jiu Fang Gao regresó
e informó al duque:
«He encontrado el caballo en Sha Qiu».
El duque le preguntó: «¿Cómo es?».
«Es una yegua baya», le dijo Jiu Fang Gao.
Mandó el duque que fueran a buscarla,
y resultó ser un caballo castaño.
El duque Mu, enojado,
llamó a Bo Yue y le dijo: «¡Un verdadero desastre!
Vuestro recomendado para buscar caballos
ni siquiera sabe distinguir
el color del pelaje o el sexo del animal,
¿cómo va a poder descubrir un caballo superior?».

Bo Yue suspiró profundamente y dijo al duque:
«¡Hasta ese punto ha llegado! Es la prueba
de que su talento es infinitamente superior al mío.
Lo que Gao observa es la naturaleza de los seres:
capta su esencia y prescinde de sus accidentes,
estudia el fondo y prescinde del exterior. Sólo mira
lo que debe mirar y no mira lo que no debe mirar.
Sólo observa lo que tiene que observar
y deja a un lado lo que no tiene que observar.
Ese método de Gao para observar las cosas

es mucho más importante que el simple arte
de descubrir buenos caballos».
Llegó el caballo y, en efecto,
era un caballo superior.

El arte de descubrir las esencias, de calar a fondo, de llegar al final. ¿Qué importa el color ni el sexo? ¿Qué importan las palabras, las apariencias, la publicidad? Nos dejamos llevar por impresiones externas, por la opinion de los demás, por el capricho, por la moda, y nos parece que el caballo de mejor aspecto es el que ha de correr más. Somos nadadores de superficie, expertos en lo obvio, especialistas de lo vulgar. Así no se entiende la vida. Así no se ganan carreras.

Nos invade la cultura de la superficialidad. Voces que son ruidos, imágenes que son relámpagos, ideas que son propaganda. Casi todos piensan de prestado, creen lo que leen y repiten lo que oyen. ¿Quién puede saltarse los prejuicios, los condicionamientos, los sondeos de opinión, las estadísticas, los plebiscitos, los titulares de la prensa, los anuncios de la televisión? ¿Quién puede ser independiente, personal, original y pensar por su cuenta y sacar conclusiones y llegar al fondo?

Lie Tzu, en otro pasaje, habla de un hombre llamado Que Yong que era capaz de decir si el acusado era ladrón o no con sólo mirarlo fijamente a la cara entre las cejas; y en cientos y miles de casos no se equivocó ni una sola vez. El reposo de sus ojos, la penetración de su mirada, la certeza de su experiencia le hacían saber infaliblemente qué era lo que había dentro de cada hombre, y podía juzgar por instinto lo que a un tribunal le llevaría un complicado proceso. Esa mirada, ese saber, ese volver al centro mismo de la propia naturaleza para sentir por reflejo espontáneo lo que encaja con la verdad de las cosas y lo que desentona de la armonía total, es el don de la integridad de la mente en la persona equilibrada, libre y serena.

Se trate de juzgar a hombres o a caballos, el mejor juez es el que está en posesión de sí mismo, en contacto vital con cada emoción y cada sentimiento, a tono con la vida y en su sitio en la naturaleza que todo lo abarca.

La evidencia cósmica del acto presente, el propio organismo como testigo de excepción, la vibración unida de la realidad innegable e irresistible en su poder universal. El hombre como juez de la creación.

Nos conviene desarrollar ese instinto, fiarnos de nuestras corazonadas, afinar la intuición, dejar volar por sí misma a la flecha del discernimiento. Sólo así podremos encontrar un gran caballo digno del mismo duque Mu de Qin.

El hacha perdida

Otro cuento, para mí delicioso, del *Shuo Fu* de Lie Tzu. Este es el número 34.

Un hombre perdió su hacha.
Sospechaba del hijo de su vecino.
Al observar su forma de caminar, le parecía
que era la propia de un ladrón de hachas;
su fisonomía, la de un ladrón de hachas;
todos sus movimientos y gestos eran, sin excepción,
los propios de un ladrón de hachas.

Al poco tiempo, el hombre fue a cavar
al valle y se encontró su hacha.
Al día siguiente cuando volvió a ver
al hijo de su vecino, ni uno solo de sus movimientos
o gestos le parecieron los de un ladrón de hachas.

Lie Tzu demuestra tener un buen sentido del humor. Me gustaría saber a mí cuál es la forma de andar propia de un ladrón de hachas, su forma de moverse y de hablar, y en qué se distingue, por ejemplo, de la forma de andar propia de un ladrón de azadas. Pero el ojo suspicaz lo distingue todo, es decir, se imagina todo y cree ver con evidencia absoluta los gestos delatores en cada movimiento, en cada detalle, en cada inflexión de voz. Hasta la fisonomía del presunto ladrón le parece la propia de un ladrón de hachas. Quizá se le había afilado la nariz.

La idea preconcebida proyecta su prejuicio sobre los hechos o personas en cuestión, y ya todo lo ve bajo su prisma, lo tiñe de su color, lo encaja en su molde. ¿No es evidente? ¡Fíjate cómo anda, cómo habla, cómo se mueve! Cada gesto lo delata, cada guiño lo define. No hay más que verlo. ¿Para qué hacen falta más pruebas? Su modo de actuar es más elocuente que las declaraciones de todos los testigos o las investigaciones de la policía. El tiene que ser, luego él es. Míralo cómo se porta. Prueba viviente de su propia culpa. El peso de la sospecha escondida, alimentada en secreto, creída sin apelación, es mayor que la sentencia de cien tribunales de justicia. Las sospechas matan la convivencia.

Marido y mujer. ¿Me es fiel? ¿Me es infiel? Una vez que ha entrado la duda, todo se ve bajo ese ángulo, y cada incidente añade convicción a los celos sin pruebas. Si la mujer cree que su marido la engaña (o al revés, que en esto nadie tiene la exclusiva), comenzará a interpretar cada acción de su marido como una nueva comprobación de su infidelidad. Si el marido se porta con alguna frialdad, se muestra menos cariñoso, se olvida de fechas o detalles que antes nunca pasaba por alto, la mujer dirá enseguida: «¡Ahí está! ¿No lo decía yo? Está interesado en otra mujer y se olvida de mí. No lo puede disimular. ¡Si lo conoceré yo!». Y, al contrario, si el marido está más cariñoso que de costumbre, la mujer salará inmediatamente y se dirá a sí misma: «¿No lo decía yo? Ahí está la prueba evidente. El pobre no sabe disimular. Está enredado con otra mujer, y para que yo no lo note finge más cariño, y vengan regalos y fechas y salidas. Se le ve el plumero. ¡Si lo conoceré yo!». Y no hay salida. Si lo hago, porque lo hago, y si no lo hago, porque no lo hago. Es perfectamente posible que el marido estuviera algo menos cariñoso aquellos días porque le dolía el estómago, o le iban mal los negocios, o tenía el horóscopo atravesado; como también es perfectamente posible que estuviera más cariñoso porque lo sentía de veras y quería manifestarlo tal y como le salía de dentro. Pero nada le servirá. La suerte está echada. El veredicto está dado. El prejuicio se ha consumado. Es evidente que es él quien ha robado el hacha. ¿No veis cómo anda?

El creyente, en sus dudas de fe y en sus momentos de fervor, proyecta también sobre los hechos sus sentimientos actuales. ¿Por qué me viene este sufrimiento insoportable, sin sentido y sin remedio, a mí, que tendré mis flaquezas, pero nunca he hecho mal a nadie y he servido a Dios como mejor he sabido? Si hay un Dios amante y justiciero, ¿por qué hace eso? ¿No será que no hay Dios, o que Dios no es como a mí me habían dicho que es? Y, si es así, ¿no habría que ser honrado con uno mismo y suspender juicio y declararse agnóstico? O, al contrario, ante el mismo sufrimiento, en momentos de firmeza de ánimo se piensa que Dios sabe lo que se hace, puede sacar bienes de los males, y nos envía dolores para afianzarnos en su servicio. Como ya le dijo el ángel Rafael a Tobías: «Como habías agradado a Dios, era necesario enviarte una prueba especial». La reacción depende del estado de ánimo. Antes de analizar las pruebas, conviene analizar nuestros sentimientos.

Otro caso de proyección de sentimientos sobre los hechos diarios: el optimista y el pesimista en el complicado mundo de hoy. El que todo lo ve negro, un día entre dos noches, un cielo despejado entre tormentas, la rosa entre espinas. Si algo agradable sucede, es que sonó la flauta por casualidad, porque, según él, la regla es la molestia y el aburrimiento y el fracaso. Y el optimista que recalca precisamente esos momentos agradables y ve en ellos la regla, y en los desagradables la excepción. Todo depende del juicio preconcebido que se haya formado en la mente. Juzgamos las circunstancias, las personas, la creación entera, según el patrón que llevamos dentro y del que de ordinario no nos damos cuenta. Esos prejuicios ocultos nos causan enfrentamientos, choques, malentendidos, desavenencias. Sufrimos nosotros mismos y hacemos sufrir a otros por las opiniones falsas que nos hemos formado, las intenciones infundadas que les hemos atribuido, las actitudes inocentes que hemos interpretado mal. Nos conviene aprender a limpiar la mente, borrar los prejuicios, no juzgar como se nos dijo que no juzgáramos para no ser juzgados, dar por supuesta la inocencia mientras no se demuestre claramente lo contrario, mirar a todos con amistad, y, si surge alguna sospecha, no precipitarse, suspender el juicio, esperar.

Por fin aparece el hacha, y todo se arregla.

Las gaviotas sabias

Una historia antigua, que va cambiando de ropaje hasta hacerse contemporánea.

Hace muchos años,
vivía en la India un rey sabio y prudente
que practicaba la contemplación de las cosas
sagradas y entendía el corazón de sus súbditos.
Un día se encontró frente a frente con un hombre
a quien no conocía, y al verlo sintió
un súbito y profundo miedo ante él.
Le preguntó quién era, y él contestó que era
un súbdito obediente de su majestad,
honrado traficante en maderas, y que,
al saber que el rey iba a pasar por aquel camino,
había salido para tener el gozo de verlo.
El hombre era sincero, pero el rey no quedó
satisfecho. Había sentido el aguijón del miedo,
y sus sentimientos no lo engañaban nunca.
Se ganó la confianza del súbdito
y le interrogó más en detalle sobre su actitud

y sus pensamientos al ver al rey.
El hombre dijo:
«Un pensamiento se me ocurrió al ver
a su majestad y, aunque era sólo un pensamiento,
le pido perdón por él. Soy traficante de maderas
y tengo en mi almacén
una partida importante de madera de sándalo
en la que he invertido mucho dinero
y de la que no sé cómo disponer.
Al ver a su majestad, se me ocurrió que,
si su majestad muriera, cosa que Dios no quiera,
su pira habría de ser de madera de sándalo,
según la costumbre, y yo podría
disponer con facilidad
de ese cargamento. Fue un pensamiento fugaz
de un instante, y como tal lo confieso».
El rey le dejó ir en paz.
Ya sabía qué era
lo que le había causado la inquietud.

La historia es la versión India, con la cremación real sobre la pira de madera de sándalo, de un cuento Zen que recoge Raymond M. Smullyan en *The Tao is Silent,* p. 176 (Harper and Row, 1977).

Hay una historia bien conocida,
y presuntamente histórica,
de un maestro Zen que estaba un día
absorto en meditación en su jardín
cuando los cerezos estaban en flor.
De repente sintió un peligro.
Se volvió inmediatamente, pero no vio a nadie más
que al muchacho que le servía.

Esto lo trastornó sobremanera, porque
nunca jamás se había equivocado en un caso así;
cuando alguna vez, en el pasado,
había presentido el peligro,
siempre había habido algún peligro.
Estaba tan afectado por el incidente inexplicable
que se encerró en su habitación,
y ni siquiera salía para comer.
Sus sirvientes se inquietaron
y le preguntaron por su salud.
El les explicó lo que le preocupaba,
y no cesaba de repetir: «No lo entiendo;
yo nunca me había equivocado antes».
La noticia se fue propagando a los demás
sirvientes, y por fin el muchacho
que lo acompañaba aquel día en el jardín
se presentó temblando ante el maestro
y confesó:
«Cuando yo lo vi a usted en el jardín,
tan absorto en la contemplación,
no pude menos de pensar que, a pesar
de su prontitud y habilidad en manejar la espada,
probablemente usted no habría podido defenderse
si en aquel momento yo le hubiera golpeado
repentinamente por la espalda. Es posible
que fuera ese pensamiento secreto mío
lo que usted percibió».
El muchacho esperaba ser castigado,
pero eso ni se le ocurrió al maestro,
feliz como estaba por haber resuelto el enigma.

Con mayor delicadeza y arte, como cabe esperar del gran maestro, Lie Tzu toca el mismo tema en cuadro magistral. Es como una pintura china en la que unas breves pinceladas crean una obra maestra.

A un muchacho que vivía al borde del mar
le gustaban las gaviotas. Todas las mañanas
iba al mar a jugar con ellas, y otras gaviotas
llegaban a centenares, sin parar.
Su padre le dijo:
«Me he enterado
de que las gaviotas juegan contigo.
Atrapa unas cuantas para mí, por favor, hijo mío».
Cuando, al día siguiente, fue al borde del mar,
las gaviotas danzaron en el aire,
pero no descendieron.

Las gaviotas lo saben. Las gaviotas se han enterado en seguida. Quizá no entiendan el lenguaje de los hombres, pero entienden el gesto de su rostro y el tono de su voz. Quizá ni oyeron al padre hablarle al hijo, pero vieron el rostro del hijo al día siguiente y captaron la amenaza en su voz. Y danzaron su danza en el aire, pero no se acercaron. El padre quería «atraparlas», lo cual no era jugar con ellas, sino poseerlas con peligro de muerte. Y una vez que el peligro se ha pronunciado y está en el aire, las gaviotas lo captan con las puntas de las plumas de sus alas y evitan la playa súbitamente traidora. El muchacho ha perdido a sus compañeras de juego.

Y ahora me toca a mí o, mejor dicho,
a una prudente y sensata religiosa
de una prestigiosa congregación
que me confió personalmente lo que voy a contar.
Se encontraba ella un domingo en Roma
y había ido a visitar San Pedro.

Estaba paseando por la inmensa plaza
cuando le entraron ganas de hablar con alguien
para comentar la impresión, turista y religiosa,
de la santa visita. Se dirigió a un hombre cercano
que, como ella, nadaba por la plaza,
y comenzó a hablar con él.
Apenas habían intercambiado
un par de frases generales,
cuando un sentimiento casi violento
se apoderó de ella,
que sintió una urgencia en todo su ser que le decía:
«Este hombre es muy peligroso.
Llama inmediatamente a la policía y denúncialo».
Se alejó de él. Miró a su alrededor y no vio
a ningún policía; y aunque lo hubiera visto,
¿qué habría podido hacer?
No se denuncian impulsos ciegos.
Volvió a su alojamiento y descartó el temor.

El siguiente miércoles, en la misma plaza
de San Pedro y durante su audiencia semanal,
el papa Juan Pablo II fue herido peligrosamente
por dos disparos. La noticia conmovió al mundo.
Se capturó al autor del atentado,
y todos los periódicos publicaron su foto.
Cuando aquella religiosa la vio, lo reconoció
al instante: aquel era el hombre en cuya
presencia, tres días antes, ella había sentido
el presentimiento del terror. Si la gaviota blanca
lo hubiera sabido a tiempo, habría podido volar.

La naturaleza es una, y envía vibraciones a quien las sepa recibir. Son olas en el lago del tiempo, que se extienden de orilla a orilla. Todo lo que se hace deja huella; todo lo que se dice tiene eco; y todo lo que se piensa y se maquina y se siente, se abre paso también por canales secretos en hondo temblar, y avisa y prepara y alegra o advierte a quien está dispuesto a dejarse advertir. Hay un sentimiento universal de familiaridad de todo lo bueno; es instintivo sentirse a gusto ante un hombre o una mujer de Dios; reconocemos la bondad cuando la vemos; descansamos en confianza entre amigos. Y sentimos también la presencia oscura del mal, la nota que desafina en la sinfonía, la circunstancia que no encaja, el carácter rebelde, la amenaza mortal. El universo habla. Las estrellas conspiran. La brisa informa a quien se deja informar, facilita amistades y evita peligros. Sentido de unidad con el todo que nos viene del cuerpo nacido de la tierra y en comunión con todos los elementos que saben lo que pasa y quieren hablar. Así afilamos nuestros sentimientos, abrimos nuestra mente, calibramos nuestra percepción. La creación entera está dispuesta a transmitir el mensaje cuando el hombre escucha al hombre con el sentido interno que los une en destino fraterno. Si sabemos valorar nuestras intuiciones, nos acercaremos más a la naturaleza de donde salimos y a los hombres y mujeres con quienes compartimos el difícil vivir.

Y las gaviotas sabias seguirán jugando sus juegos alados en la seguridad azul del cielo.

La espada real

Un comerciante cruzaba el río en barca cuando
se le cayó al agua la talega
que llevaba con sus mercancías.
Reacciona rápidamente,
marcó con la punta del cuchillo
una cruz en el costado de la barca
sobre el punto exacto en que había caído,
y luego esperó tranquilamente
a que el bote atracara en la orilla.
Buceó entonces bajo el sitio exacto
marcado por la cruz, pero, por más que lo intentó,
no pudo encontrar su talega (Llui Bu-wei).

Relámpago redentor del momento presente. Aquí y ahora. Esto o nada. Te zambulles ahora, o lo pierdes para siempre. Todo pasa, todo fluye, todo vuela. Con un instante que pasen las aguas del río, se pierde el contacto; con un golpe de remo se aleja el botín. La vida hay que vivirla momento a momento. Las oportunidades pasan. El instante ya no vuelve. La barquilla se aleja, y la mercancía se pierde.

Otra versión del mismo cuento habla de un rey
que navega por el ancho río en su barca real,
se inclina sobre las aguas
para contemplar los peces,
y en aquel momento la corona
le resbala y cae al agua.
El rey saca al instante su espada y traza una cruz
sobre las aguas para marcar el sitio.
Después da órdenes a su ministro,
al despachar los negocios el día siguiente,
para que sus sirvientes vayan a recoger
la corona del lugar donde cayó,
que quedó bien marcado
con la punta de la espada real.

Cuando se nos recuerda el dicho de Heráclito de que nunca pisamos dos veces en el mismo río, pensamos que es verdad porque el río ha cambiado. Sus aguas no son las mismas, y por eso el río no es el mismo. Al pensar así nos perdemos el sentido más profundo y práctico del aforismo: los que hemos cambiado somos nosotros. También nuestra vida fluye con mayor velocidad aún que las aguas del río. No son sólo las aguas las que no son las mismas, sino el pie que entra en ellas, y la mente que rige a ese pie, y el corazón que rige a esa mente. Vivir es cambiar, y cada momento tiene sentido sólo en el fugaz instante en el que existe. El contacto frío y único del pie desnudo con la corriente inquieta. Momento irrepetible de placer fluvial. Saber gozarlo es saber vivir.

Ni la espada del rey puede marcar las aguas saltarinas de la vida.

El honorable caballero Ye

En una ciudad de la antigua China vivía
el venerable caballero Ye,
a quien agradaban tanto los dragones
que tenía cuadros y reproducciones
y tallas de ellos por toda la casa.
Al dragón se le considera en China
un ser benévolo,
símbolo de poder y de buen agüero
y que, como tal,
trae la suerte a quienes lo veneran,
como hacía el honorable caballero Ye.
Se enteró el verdadero dragón de los cielos
del culto que le rendía el venerable caballero Ye
y de las muchas imágenes suyas que tenía en su casa, y
decidió premiarle tanta devoción
yendo él mismo a visitarlo.
Bajó, pues, de los cielos,
voló hasta la tierra, encontró la casa
del honorable caballero Ye y metió su cabeza

por la puerta y su cola por una de las ventanas,
ya que no cabía dentro todo entero.
Cuando el honorable caballero Ye lo vió,
se aterrorizó sobremanera,
saltó por una de las ventanas
y huyó enloquecido por lo que había visto.
Y es que a quien él veneraba no era al dragón
sino a la imagen que se había formado de él
(Shen Tzu).

¿Qué sucedería si algún día Dios se asomase a nuestra ventana?

El arte de pintar dragones

Había un pintor de la realeza china
a quien un día le preguntó el príncipe:
«¿Qué es lo más difícil de pintar?».
El artista contestó: «Perros, gatos, caballos
y temas por el estilo». «¿Y lo más fácil?»,
insistió el príncipe. Y el pintor contestó al punto:
«Fantasmas, monstruos y dragones».
Ante la cara de asombro del príncipe,
el artista explicó: «Todos vemos a diario perros,
gatos y caballos, y así cualquier defecto
en su reproducción se nota enseguida.
Por eso son temas difíciles. En cambio,
los fantasmas, monstruos y dragones no tienen
forma definida y nadie los ha visto nunca.
Por eso es fácil pintarlos» (Yan Fei Tzu).

Hablamos con facilidad de Dios. Nadie lo ha visto. Podemos atribuirle los rasgos que nos parezcan más propios, y será difícil desmentirlos. Podemos pintar con libertad.

Nadie ha visto el modelo. Y esta misma consideración debería infundirnos respeto e inspirarnos prudencia y reverencia al trazar nuestras imágenes internas. No abusemos de la facilidad de pintar lo invisible.

Oigo decir a gente piadosa, con facilidad que me hace estremecer: «Dios quiere que hagas esto»; «Dios te ha castigado por aquello»; «Dios está enfadado contigo»; «A Dios le agradará mucho si te portas así». Esto, con frecuencia, no es más que pintar dragones. Cuando me dices que a Dios le agradará que yo haga esto, me entran sospechas de que lo que quieres decir es que a ti te agradará que lo haga, pero para darle peso y desinterés a tu aseveración pones a Dios por medio. Pincelada de tu cosecha. Pintores de la divinidad han olvidado el recato que debe acompañar siempre al pintor real.

Estos mismos pintores de la divinidad olvidan su facilidad y callan y se refugian en el silencio de la finitud y del misterio cuando se trata de explicar el dolor y el sufrimiento y la agonía del vivir sobre la tierra. El dolor lo conocemos todos, vemos su rostro todos los días y sentimos su cercanía en nuestro pobre corazón. Y entonces se callan los maestros. No quieren pintar perros y caballos. Les podríamos decir que no se parecen a los modelos, que lo que ellos dicen no se ajusta a la realidad, que sus teorías no nos valen. Y se callan. Prefieren seguir pintando dragones.

Lo más fácil es hablar de lo que no sabemos. Por eso es lo que todos hacemos con mayor frecuencia.

El dragón vulnerable

Los dragones en China tienen
el poder de transformarse
en cualquier animal que deseen para acercarse
o alejarse de hombres y mujeres, según el caso.
Sucedió una vez que un Gran Dragón,
a quien le gustaba mucho
la compañía de los seres humanos,
se transformó en una paloma blanca
para estar cerca de ellos. Disfrutó mucho
en un principio revoloteando en sus plazas,
posándose en sus tejados, anidando en las torres
de sus pagodas y comiendo
lo que gente compasiva le echaba con cariño.

Todo iba bien hasta que, un día, el Dragón
hecho paloma se acercó inocentemente
a una pandilla de chiquillos traviesos y agresivos
que empezaron a tirarle piedras a ver si le daban.
La pobre paloma no podía creerse aquello,

le pareció que debía ser una equivocación,
y para cuando se dio cuenta de que los chiquillos
iban de veras y tiraban a dar,
y quiso elevar el vuelo y huir rápidamente,
una piedra la alcanzó en el ala
y se la rompió. Sobre sus blancas plumas
se dibujó un trazo de sangre, y al verla
supo el Dragón que tenía un serio problema.
Sabía que, mientras no se restañara la sangre
y curara la herida, no podría volver
a su forma original de Dragón, ya que para ello
su cuerpo había de estar libre de todo defecto.
Una herida en el ala de la paloma
se traduciría en un defecto
en las patas del Dragón,
y eso no podía ser así,
porque el Dragón había de ser perfecto.
El lo sabía muy bien, y tuvo miedo.

Intentó volar, pero no podía remontar el vuelo.
Con ayuda del ala sana corrió raudo
para alejarse de los muchachos,
pero las piedras que éstos lanzaban
eran más veloces que su carrera.
Varias lo alcanzaron,
y los gritos salvajes de muerte
de los agresores le hicieron perder toda esperanza.
En aquel momento, un hombre de la vecindad
que había oído la gritería se acercó,
comprendió al instante lo que pasaba,
tuvo compasión de la paloma,
la recogió cuidadosamente en sus manos
y obligó a dispersarse a los muchachos.

Una vez en su casa, cuidó a la paloma,
le limpió la herida, le dio de comer
y le preparó un rincón mullido para descansar.
La paloma durmió agradecida.

Día a día, siguió cuidando
el buen hombre a la paloma,
acariciándola con cariño y asegurándose de
que iba recobrando sus fuerzas
y no le faltaba nada.
Pronto se le curaron todas las heridas,
se le fortalecieron las alas y recobró el ánimo.
Ya era otra vez el Gran Dragón y podía volver
a su forma original cuando quisiera.
Pero él también le había cogido cariño
a aquella familia,
al hombre que lo cuidaba, a su mujer y a sus hijos
e hijas, que rivalizaban en colmarle de atenciones.
Muchas veces el Gran Dragón
había sentido su poder,
y había visto a hombres y mujeres temerlo,
admirarlo, venerarlo, suplicarle,
pero nunca se había sentido amado,
cuidado, mimado. Aquello era una nueva
experiencia para él. No quería dejarla.

También un Dragón tiene sus obligaciones
que no debe descuidar, y el Gran Dragón,
que hacía mucho faltaba de su despacho, lo sabía.
Había peticiones que atender, necesitados
a quienes socorrer, fiestas a que asistir,
y ya no podía retrasarse más.
La familia que lo había protegido,
al asegurarse de que la paloma

se había recuperado del todo,
decidió devolverle la libertad, la llevaron
al aire libre, lejos de muchachos agresivos,
y la echaron a volar.
La paloma voló en círculos cada vez más altos,
mirando a sus bienhechores con cariño,
hasta perderse de vista en el cielo.
Una vez allí, recobró su forma de Dragón
y volvió a sus actividades normales.

Pero todos los años,
en ese mismo tiempo, el Dragón
vuelve a convertirse en paloma para recordar
los días en que disfrutó del cariño de una familia.
Si aciertas a ver una paloma con una pluma roja
en el ala derecha, ése es el Gran Dragón
que se acerca a nosotros.
Si le saludas, te bendecirá.

Ser vulnerable es abrirse al amor. No se puede amar a un dragón gigante, cubierto de escamas, con garras afiladas, cola acorazada, tres hileras de dientes, y fuego y humo que le salen por la boca. En cambio, sí se puede amar a una paloma blanca, y más aún si está herida por la mano del hombre.

Ser vulnerable es condición para ser humano. Quien quiere protegerse con armaduras impenetrables se aísla de sus semejantes. Puede haber respeto, pero no amor. Quien presume de ser indiferente, de que todo le da lo mismo, de que no le afectan alabanzas o rechazos, de que sabe vivir por su cuenta, de que está por encima de todo, es muy probable que se quede, sí, por ahí arriba, pero lejos de todo contacto humano, en sequedad estéril.

Ser vulnerable es vivir de cerca, inspirar confianza, olvidar orgullos, renunciar a seguridades, fiarse de la vida. Saber sangrar es saber amar. Exponerse es declararse. La herida en el ala es el precio de la intimidad. Y merece la pena pagar el precio.

Ser vulnerable es ser amigo. Quita barreras, acerca, convence. Saber que puedo ser herido me une a mi hermano en necesidad común y ayuda mutua de condición terrena. Al ser frágil declaro que necesito de los demás, e invito su presencia en mi vida. Fragilidad bendita.

Ser vulnerable es dejarse querer. Quizá sea por eso por lo que Dios vino a la tierra.

Matar dragones

Chu Ping-Man fue a Chii Yi para aprender
a matar dragones (A veces los dragones pueden
hacerse dañinos y hay que eliminarlos).
Estudió tres años y gastó casi toda su fortuna
hasta conocer a fondo la materia.
Pero habían tan pocos dragones
que Chu no encontró dónde practicar su arte
(Chuang Tzu).

Con el mayor respeto a la tradición que así lo dispuso, con aprecio sincero y profundo de los principios, intenciones, disposiciones y reglamentos puestos en juego con gran profesionalidad y entrega, con agradecimiento personal a las espléndidas personas que consagraron su vida y sus esfuerzos a llevar a cabo esos ideales en la práctica y enseñármelos a mí, y aun con verdadero cariño nostálgico por aquellos años de generosa juventud y alegre obediencia con compañeros espléndidos y momentos gozosos en mi memoria, declaro hoy, en responsabilidad y libertad, que mis largos estudios eclesiásticos consistieron, en gran parte, en enseñarme a matar dragones. Y no me los he encontrado por ninguna parte.

El solo de flauta

Cuando la orquesta del príncipe Shuan
en el reino de Chi daba un concierto de flauta,
tenía hasta trescientos flautistas
tocando al unísono.
Al saber eso, un letrado llamado Nanguo
se presentó al príncipe
y solicitó un puesto en la orquesta.
No sabía tocar la flauta,
pero le cayó bien al príncipe
y obtuvo el puesto, que conllevaba un buen sueldo.
Todo iba bien, hasta que súbitamente
falleció el príncipe Shuan.
Le sucedió en el trono el príncipe Min,
a quien le gustaban los solos de flauta.
Enterado de ello, el letrado Nanguo
huyó precipitadamente del reino (Yan Fei Tzu).

Yo sospecho cuando mucha gente dice lo mismo. Siempre hay alguno que no sabe tocar la flauta.

En la India contamos una historia aún más radical. Es como sigue.

Un rey había preparado un gran sacrificio
para invocar las bendiciones de los dioses
sobre su reino.
Como participación de su pueblo en la ceremonia,
pidió el rey a todos su vasallos que llenasen
de leche una gran alberca, para utilizar luego
el preciado don de la vaca
en los ritos del sacrificio.
Los obedientes súbditos aceptaron gustosos
la orden real y prometieron su contribución.
A un tiempo obedecían al rey
y agradaban a los dioses,
de modo que no podía haber acción
más noble y meritoria. Sin embargo, también allí
entró en juego la avaricia humana.
El razonamiento era sencillo:
todos van a echar leche, y la alberca es grande;
por consiguiente, no se notará si yo echo
calladamente agua y me ahorro la leche.
Lo malo del razonamiento es que era demasiado
sencillo y se le podía ocurrir a cualquiera.
Se llevó a cabo la operación, y cuando,
al fin, el rey se acercó a la alberca para
bendecir su contenido, la encontró llena de agua.
Desde entonces supo qué pensar de su pueblo.
Es decir, pensó que al menos tenían inteligencia.

Si el príncipe Shuan en el reino de Chi hubiera contratado personalmente a los trescientos músicos para formar la orquesta real, quizá se hubiera encontrado con que el primer concierto era un solo de silencio. Los unísonos son siempre peligrosos. Y no sólo en los conciertos de flauta.

Lanzas y escudos

En el reino de Chu vivía un hombre que vendía
lanzas y escudos. «Mis escudos son tan sólidos»,
se jactaba, «que nada puede traspasarlos.
Mis lanzas son tan agudas
que nada hay que no puedan penetrar».

«¿Qué pasa si una de sus lanzas choca con uno
de sus escudos?», le preguntó alguien.
El hombre no replicó (Yan Fei Tzu).

Esta historia me deleita. Y no sé por qué. Y no quiero meterme a investigarlo, porque perdería su encanto. Quizá sea porque me irritan los hombres y mujeres que están muy seguros de sí mismos, de sus ideas y de sus actitudes. Hay gente que no tiene ideas, tiene certezas. Y es un tormento tratarlos. Hay que esperar a que una de sus lanzas choque contra uno de sus escudos. A ver qué pasa.

Zapatos nuevos

En el reino de Cheng un hombre decidió
comprar un par de zapatos nuevos.
Se midió el pie, pero olvidó la medida en casa
y se fue al mercado sin ella.
Allá encontró al zapatero.
«¡Oh! me olvidé de traer la medida», dijo,
y presuroso regresó a su casa.
Cuando volvió al mercado, la feria
se había terminado y no pudo comprar los zapatos.

«¿Por qué no se los probó?»,
le preguntó uno de sus vecinos.
«Me fio más de la regla», respondió (Yan Fei Tzu).

Una vez hube de acompañar a mi madre, que para obtener cierto documento necesitaba presentar una «fe de vida». Después de dar con el lugar y la ventanilla correspondiente, llenamos un impreso y, previo pago de una cantidad, nos dieron la fe de vida. Con ella volvimos a las oficinas en cuestión, la presentamos y nos dieron el documento deseado. Es decir, mi madre, con presentarse ella misma alegre y sonriente, no podía probar que estaba viva; pero cuando presentó una hoja con membrete oficial, sello de goma, póliza y firma de garabato en que se afirmaba que ella vivía, se le aceptó la solicitud. También éstos se fiaban más de la medida del pie que del pie mismo.

En otra ocasión hube yo mismo de presentar una solicitud que debía ir acompañada de mi fotografía. Me saqué una foto del tamaño requerido y la presenté personalmente, junto con mi solicitud, en la ventanilla de turno (¡Otra ventanilla!). El dios que se encontraba al otro lado de la ventanilla me ordenó: «Tiene usted que traer un certificado de que esta foto es suya». Yo tomé la foto, la puse al lado de mi cara mirando hacia él y le dije con la reverencia debida a su posición: «Mire usted, por favor, atentamente y dígame si ésta es mi foto o no». El dios contestó: «Ciertamente, es usted el de la foto, pero necesita usted presentar un certificado, firmado por un magistrado de primera clase, que lo atestigüe». Hice una reverencia al dios y me retiré.

Yo no sé qué es un magistrado de primera clase, pero un amigo mío tenía un amigo que conocía a un tal personaje. Mi foto pasó de mano en mano y volvió acompañada del certificado correspondiente. Un magistrado de primera clase, que no me conocía de nada ni había visto mi rostro en su vida, había certificado, gracias a la intervención de un amigo de un amigo, que aquella foto era mía. Lo que no conseguí yo con mi cara, lo consiguió él con su firma. El dios de la ventanilla aceptó mi solicitud y me dio su bendición. La medida del pie era más importante que el pie mismo.

No basta con reír. El cuento de Yan Fei Tzu es mucho más serio. Quien está en el banquillo no es ya la burocracia del gobierno, sino nosotros mismos. Nosotros nos guiamos por medidas, reglas, certificados, fórmulas, tradiciones, creencias, costumbres... y nos olvidamos del pie. La mejor medida para un buen zapato es mi pie sólido y firme en tres dimensiones, tal y como se encuentra en este momento, que es cuando necesito el calzado nuevo. El pie también cambia, crece, se modifica con el andar y con los años. No puedo guiarme por una plantilla antigua. No basta con que recuerde mi número. Quiero probarme el zapato hoy y ver cómo me sienta. No basta con fórmulas añejas, por mucho que me hayan sentado bien en el pasado. Si mi pie ha crecido, también han crecido mi corazón y mi mente, mi manera de ver las cosas y mi capacidad para asimilar lo nuevo, mi esperanza y mi fe. Al salir hoy hacia el mercado quiero llevarme a mí mismo, con toda la realidad viva y palpitante de mis ilusiones, mis ideales, mi alegría y mi humildad, para comprar el par de zapatos que más se me ajuste hoy en comodidad para los pies, modelo para el agrado y precio para el bolsillo. Si me he olvidado la medida en casa, tanto mejor. Lo que quiero es que no se me pase la feria sin zapatos nuevos. Que no me ahogue nunca la burocracia del espíritu.

La caza de ciervos

Un cazador era muy hábil en imitar las voces
de todos los animales de la selva,
y utilizaba su habilidad para cazarlos.
Los animales, al oír su propia llamada,
creían que algunos de su especie estaban allí,
se acercaban sin miedo, y el cazador los abatía
con sus flechas. Nunca le fallaba el método.

Un día fue a cazar ciervos y, al llegar al lugar
oportuno en la selva, se puso a imitar sus voces.
Antes de que pudieran llegar los ciervos,
oyó la voz un lobo y,
pensando que podría encontrar comida,
ya que a un lobo le es fácil matar a un ciervo,
acudió al instante.
El hombre se asustó al ver al lobo, pero tuvo
presencia de ánimo y, para librarse de él,
se puso a imitar el rugido del tigre.
En cuanto el lobo lo oyó, le entró miedo
y desapareció a toda velocidad.
Pero entonces, atraído por la voz de quien pensaba

era otro tigre, llegó un tigre, y el cazador
se asustó más todavía. Para librarse del tigre
imitó el bramido del oso, ya que
hasta el tigre teme al oso y se aleja de él.
en efecto, el tigre se marchó inmediatamente
pero llegó un oso, y ya no hubo solución.
Al cazador se le había agotado
el repertorio animal.
Quedó solo ante el oso, que se abalanzó sobre él,
*lo destrozó y se lo comió (*Liu Dsung-Yuan).

Las imitaciones siempre fueron peligrosas. Se puede ser tigre por un rato, pero llega el oso y se acaba el cuento. La única manera que el hombre tiene de durar en su vida y en su oficio es ser hombre. La mejor manera de dar valor a la vida es ser uno mismo. Cada uno de nosotros tiene su voz individual y exclusiva, y a ella debe atenerse por dignidad y sinceridad. Nada de imitar modelos extraños o llamadas de animales. Nos dicen que la voz es tan personal como las huellas dactilares y aparatos modernos pueden identificarla con exactitud policiaca. No es extraño. La voz expresa el carácter y retrata a la persona. Quizá los animales, al menos en la parábola, se engañen al oírnos, pero entre nosotros, hombres y mujeres, pronto sabemos por el tono de voz, el timbre, la prisa o el reposo de las sílabas, el estado de ánimo de quien habla. Sabemos si hoy es tigre o lobo, o quizá perro fiel o gato cariñoso. La voz habla con sus sonidos antes aún que con el sentido de las palabras. Embajadora especial de rango extraordinario.

Cuidemos nuestra voz como cuidamos nuestra identidad. Cuidemos en nuestra vida de no imitar a nadie, sino de ser fiel y debidamente lo que somos. Y ya vendrán los ciervos cuando quieran venir.

Liebres y campesinos

Era un campesino del reino de Sung.
Un día, una liebre que corría atolondrada
se estrelló contra un árbol de su campo,
se desnucó y cayó muerta.
Entonces el campesino abandonó su azadón
y esperó bajo el árbol
que apareciera otra liebre.
No llegaron más liebres, pero el campesino
llegó a ser el hazmerreir del reino (Yan Fei Tzu).

A veces nosotros somos la liebre de la parábola. Andamos tan aturdidos por la vida que podemos desnucarnos contra cualquier árbol. Y a veces somos como el campesino, cruzados de brazos en espera de que vengan corriendo las liebres y se desnuquen a nuestros pies. Ni una cosa ni otra resulta. Hay que correr bien cuando se corre, y no hay que dejar la azada cuando se trabaja. Y tampoco hay que desaprovechar las liebres que tienen a bien desnucarse por nuestros alrededores. Cada cosa a su tiempo. La cosecha de la tierra cuando llega la estación, y la liebre sorpresa cuando se presenta. Eso alegra el menú.

Lo interesante de esta parábola es que viene de un maestro taoísta. Al taoísmo se le acusa de pasividad, de inactividad, de indiferencia ante la vida. Por eso aquí el maestro sale al encuentro de la objeción y se ríe del campesino que abandona la azada —y de quien entierra sus talentos y desperdicia su vida—. Una cosa es ecuanimidad, y otra pereza. El secreto de la vida no está en no trabajar, sino en trabajar a tono con los ritmos de la naturaleza en los campos y en el cuerpo, en la sangre y en las estaciones, en la luna llena y en el sol del mediodía. El maestro propone aquí dos extremos en pincelada rápida y nos los deja grabados en la mente para que veamos lo absurdo y risible de cada uno, y así, instintivamente, casi sin esfuerzo de voluntad y sin opresión de autoridad, encontremos por nuestra cuenta el término medio que asegura la cosecha sin apresuramientos inútiles. Ni el aturdimiento de la liebre ni la indolencia del labrador. Ni las prisas alocadas ni el abandono derrotista. Ni querer hacerlo todo ni decir que no se puede hacer nada. La sabiduría del término medio es la gran ley de vida. Y ésa es la lección callada del alegre humor de esta parábola.

El ciervo ingenuo

Un habitante de Linchiang
capturó una vez un cervatillo
y decidió criarlo. Apenas franqueó el umbral
de su casa, lo recibieron sus perros
enseñando los dientes y relamiéndose los labios.
El hombre, furioso, los echó, pero la suerte
que sus perros reservaban al cervatillo
fue motivo de preocupación para él.
Desde entonces, cada día presentaba
el cervatillo a los perros llevándolo en brazos,
enseñando así a sus perros
que debían dejarlo en paz.
Poco a poco, el cervatillo
empezó a jugar con los perros,
los cuales, obedeciendo a la voluntad de su amo,
fraternizaron con él.

El cervatillo creció y, olvidando que era un ciervo,
creyó que los perros eran sus mejores amigos.

Jugaban juntos y vivían
en una intimidad cada vez mayor.

Pasaron tres años. El cervatillo,
ya convertido en ciervo, vio un buen día
en la calle una jauría de perros desconocidos.

Salió inmediatamente para divertirse con ellos,
pero éstos lo vieron llegar
con una mezcla de alegría y furor.
Lo destrozaron y se lo comieron.
Mientras expiraba,
el joven ciervo se preguntaba aún
por qué moría tan prematuramente
(Liu Dsung-Yuan).

Un matrimonio de mi amistad tiene un gatito al que quieren y cuidan con todas las atenciones. Un año se fueron de vacaciones al campo y se llevaron con ellos al gato para que disfrutara también de una temporada al aire libre. Pero el gato lo pasó muy mal y, como el ciervo del cuento, estuvo a punto de pagar las vacaciones con su vida. En el piso de la ciudad se sentía seguro: él era el dueño y, si algún otro animal aparecía, podía contar con que los humanos que lo cuidaban sabrían imponer orden y hacer que todos guardaran respeto. El gato había perdido su instinto de preservación ante la presencia de animales hostiles, se sabía seguro y no huía del peligro. En el campo había otros gatos, celosos del intruso que venía a robarles su territorio; había perros de todo tipo; y había muchachos retozones y piedras en los caminos, y las piedras podían pasar, en un abrir y cerrar los ojos, del suelo a la mano de un muchacho, y de allí al lomo del gato. Los chicos del pueblo tenían buena puntería, y un gato perezoso y zalamero era un blanco ideal para sus proyectiles. Sus amos pronto hubieron de encerrar al gato en un cuarto de la casa para proteger su vida. No pareció disfrutar mucho de las vacaciones.

La lección del gato y el ciervo no es el pesimismo moral de que todo el mundo es malo y hay que protegerse y no fiarse de nadie si se quiere salir con vida de esta empresa. No es eso. Es algo mucho más sutil y verdadero, y una idea base del pensamiento chino. Es, sencillamente, que cada cosa debe ser lo que es, y no pretender ser algo distinto. El ciervo es un ciervo, hecho para pastar y saltar y corretear y deleitar al hombre y la mujer con la sorpresa de su silueta y la alegría de sus cabriolas. Y hecho también para salir huyendo con sus veloces piernas en cuanto su olfato alerta le traiga el más mínimo rastro de olor carnívoro en el horizonte. Si se olvida de lo que es y se pone a jugar alegremente con perros, tigres o leones, acabará entre sus dientes, asombrado, como el pobre ciervo, de aquella reacción tan inesperada. Inesperada para quien no se conoce a sí mismo. El león seguirá siendo león y alimentándose de antílopes, que son su comida favorita; y lo que importa es que el antílope siga siendo antílope y desarrolle su olfato y entrene sus piernas para la carrera que tiene por premio la vida.

La doctrina fundamental de Confucio se llama «La rectificación de los nombres», y sobre ella basaba todo su sistema para organizar la sociedad y traer paz y prosperidad al mundo. El siguiente diálogo, tomado de Lun Yu, XIII, 3, en el que «el maestro» es Confucio, lo explica:

Tsi Lu dijo: «El príncipe de We espera
al maestro para ejercer el gobierno.

¿Qué es lo que el maestro emprendería primero?».
El maestro dijo: «Seguramente, la rectificación de
los nombres».
Tsi Lu dijo: «¿Y de eso ha de tratarse?
¡Os habéis equivocado, maestro!
¿Por qué su rectificación?».
Dijo el maestro: «¡Qué torpe eres, Lu!
El noble deja lo que no comprende,
por decirlo así, a un lado.
Si los nombres no son apropiados, los discursos
no concuerdan; si los discursos no concuerdan,
las obras no se producen; si las obras
no se producen, la moral y el arte no florecen;
si la moral y el arte no florecen, los castigos
no alcanzan; si los castigos no alcanzan,
el pueblo no sabe dónde poner los pies.
Por eso el noble se cuida de poder incluir
sus nombres a todo trance en sus discursos,
y de que, a todo trance, sus discursos
se conviertan en obras. El noble no soporta
que en sus discursos haya nada que sea impreciso.
Esto es lo principal».

Sucedía en el reino de We que el verdadero rey estaba exiliado y se le consideraba enemigo, mientras que los actuales ministros eran traidores, con lo cual cada uno era lo que no era, y el orden estaba subvertido. Por eso dijo Confucio, con mayor claridad aún: «*Que el príncipe sea príncipe, y el ministro sea ministro; que el padre sea padre, y el hijo sea hijo; que el labrador sea labrador, y el carpintero, carpintero*». Parece una tautología inútil, pero es en realidad una regla universal de buen gobierno.

Que cada uno sea lo que es: el padre un buen padre, y el hijo un buen hijo. Que se salve la propiedad de cada nombre. Que cada uno cumpla con su deber, haga su trabajo, sea digno de su nombre, use cada objeto también según su cualidad reflejada en su nombre, la silla como silla y la mesa como mesa, y extienda ese trato y ese principio a toda la sociedad y a toda la creación.

En ser uno verdaderamente lo que es, está también siempre incluido el germen de llegar a ser todo lo que uno puede ser. Y allí está también la fuente del crecimiento y del desarrollo para el individuo y la sociedad. Si el príncipe no es buen príncipe, es propio del buen súbdito el recordárselo y hacer que lo sea.

Que el ciervo sea ciervo y el gato sea gato. Con toda su fuerza y elegancia y belleza. Me duelen los animales domesticados. Espero que la incipiente conciencia ecológica los alcance algún día, los libere y los devuelva a su alegría.

También me duelen los hombres y las mujeres domesticados.

Contar castañas

Este cuento se encuentra tanto en los escritos de Chuang Tzu (el *Qi Wu Lun*) como en los de Lie Tzu (el *Huang Di*), lo cual le presta especial importancia. Quizá la importancia no se ve a primera vista, pero merece la pena pensarla un poco.

En el reino de Song vivía
un amaestrador de monos.
Le gustaban mucho estos animales,
y mantenía un gran número de ellos.
Podía entender sus deseos,
y los monos, por su parte, comprendían a su amo.
Por supuesto, tenía que apartar
una porción de la comida de su familia
para dársela a ellos,
cosa que hacía de buena gana.
Mas sobrevino una época de escasez, con lo cual
no sobraba nada de comida, y se vio obligado
a disminuir la ración de los monos.
Temiendo que éstos se le rebelaran,
quiso emplear con ellos una argucia. Les dijo:
«¿Os parece suficiente si os doy tres castañas

por la mañana y cuatro por la tarde?».
Los monos se levantaron furiosos
en señal de protesta.
El se puso pensativo y les dijo:
«Entonces os daré cuatro por la mañana y tres por la tarde;¿os parece bastante?».
Los monos esta vez volvieron a ponerse en cuclillas
para manifestar así su satisfacción.

Todas las religiones, cada una a su manera, proclaman la importancia de la ecuanimidad de ánimo ante los gozos y las adversidades para conservar la paz del alma y no dejarse llevar por deseos o repugnancias instintivas en contra de lo que prescribe la conciencia. Es importante adquirir el equilibrio, la serenidad, la perspectiva, que aseguran una visión clara a la hora de obrar frente a tirones de todas partes que pretenden condicionar nuestra acción. Mi padre san Ignacio consagró la palabra «indiferencia» para este uso y basó en ella la estructura vectorial de su ascesis contemplativa. Cito con un breve escalofrío de agradecimiento el texto esencial, que ha acompañado mi vida con la luz intransigente de su argumentación rectilínea:

El hombre es creado para alabar, hacer reverencia
y servir a Dios nuestro Señor,
y mediante esto salvar su alma;
y las otras cosas sobre la haz de la tierra
son creadas para el hombre, y para que le ayuden
en la prosecución del fin para que es creado.
De donde se sigue que el hombre
tanto ha de usar de ellas
cuanto le ayudan para su fin, y tanto debe
quitarse de ellas cuanto para ello le impiden.
Por lo cual es menester hacernos indiferentes

a todas las cosas creadas,
en todo lo que es concedido
a la libertad de nuestro libre albedrío
y no le está prohibido; en tal manera
que no queramos de nuestra parte
más salud que enfermedad, riqueza que pobreza,
honor que deshonor, vida larga que corta,
y por consiguiente en todo lo demás;
solamente deseando y eligiendo
lo que más nos conduce
para el fin que somos creados
(Principio y Fundamento de los Ejercicios).

La palabra «indiferentes» está en la mitad misma del párrafo inspirado, como centro de gravedad de la doctrina que sustenta y de la conducta que inspira. La lógica férrea de tesis salmantina se impone a nuestra razón; la perspectiva de la eternidad reduce tamaños y allana obstáculos; y la generosidad noble nos empuja a las últimas consecuencias del fervor alimentado por la divina gracia.

Es el momento de observar que esta «indiferencia», como todas las palabras y actitudes que figuran en este contexto desde cualquiera de los puntos de vista que estoy mencionando, no es en manera alguna pasividad, estoicismo o fatalismo. Es la expectativa ardiente del soldado en el frente de batalla, siempre dispuesto al ataque y siempre dispuesto a recibir órdenes que determinarán el momento, el lugar, la dirección del asalto. O la espera activa del cazador, con el dedo en el gatillo, pero abierto a cualquier punto del horizonte por donde asome la presa. O la fuerza del caballo impaciente por correr y obediente a la más mínima señal de las riendas en cuanto se la den. El dominio de las emociones en manera alguna significa la carencia de ellas.

El hinduismo tiene también su palabra y su tradición en este aspecto fundamental de la ciencia del espíritu. En sánscrito es *«samabhava»*, que literalmente quiere decir «mente igual», sentimiento paralelo, juicio horizontal. El equilibrio imparcial de la mente serena ante el dolor y el gozo. Se fundamenta en la ley del *karma*, según la cual todo lo que sufrimos y gozamos es resultado de nuestras acciones en encarnaciones anteriores y, en consecuencia, justo y necesario. Y se adquiere con el ejercicio de los «pares», es decir, de la tolerancia estudiada de pares de sensaciones opuestas, como el frío y el calor, el hambre y la hartura, la tristeza y la alegría, sin dejarse nunca llevar por la impresión del momento, ya que la consideración de un extremo ayuda a entrar con imparcialidad en el otro. La gran virtud en tierras de la India es esa ecuanimidad inamovible ante el placer y la adversidad, que ha dejado honda huella en el carácter indio y puede observarse hoy día con claridad consoladora.

El budismo ahonda en la experiencia universal del dolor humano, y busca su remedio en acallar los deseos que rompen el equilibrio interior. Este es el «Principio y fundamento» del primer sermón de Buda después de conseguir la iluminación:

«Esta, oh monjes, es la Noble Verdad
sobre el Sufrimiento.
El nacer es sufrimiento, la vejez es sufrimiento,
la enfermedad y la muerte lo son,
unirse a lo no amado es sufrimiento, y separarse
de lo amado y no obtener lo deseado
es sufrimiento; es decir, que el quíntuple
apego a los sentidos es sufrimiento.

«Esta, oh monjes, es la Noble Verdad
sobre el Origen del Sufrimiento:
es la voluntad de vida
la que lleva de nacimiento en nacimiento,
junto con la lujuria y el deseo, que encuentran
su gratificación aquí y allá; la sed de placeres,
la sed de ser, la sed de poder.

«Esta, oh monjes, es la Noble Verdad
sobre la Extinción del Sufrimiento: la extinción
de esa sed por la completa aniquilación del deseo,
dejándolo ir, expulsándolo,
separándonos de él, no dándole cabida.

«Esta, oh monjes, es la Noble Verdad
sobre el Sendero que lleva a la Extinción del
Sufrimiento:
es este Sagrado Octuple Sendero, es decir,
Creencia correcta, Aspiraciones correctas,
Lenguaje correcto, Conducta correcta,
Modo de Vida correcto, Esfuerzo correcto,
Atención correcta, Extasis correcto».

El Islam, para completar el cuadro, apela directamente a la suprema voluntad de Dios, que todo lo ordena en libertad soberana que al hombre no le toca discutir ni dudar. Todo lo que le sucede a quien se entrega sin reserva a Dios es su voluntad adorable, y en esa fe, firme y fecunda, se halla la inspiración y la fuerza para sobreponerse a los sentimientos de preferencia o rechazo que nacen en nosotros al enfrentarnos con la realidad concreta. El dogma eterno viene en ayuda de la conducta diaria, y la voluntad de Dios acalla las veleidades del hombre.

A esta plataforma universal de filosofías y creencias llega también el taoísmo con su paso reposado y su amable sonrisa, y su contribución es, típicamente, un cuento. No es lo suyo la lógica férrea, la oratoria persuasiva, el entusiasmo intelectual o el fervor religioso. Lo suyo son los monos y las castañas; y con humor y suavidad, sin forzar a responder ni tratar de convencer, cuenta un cuento, nos hace sonreír, y se calla. Nos dice que, a fin de cuentas, es lo mismo tres y cuatro que cuatro y tres, que todo viene a ser siete, y que no merece la pena armar un revuelo para lograr un cambio que sólo es aparente. Que tomemos las cosas tal como son y nos comamos las castañas según nos las dan. Si ahora son tres, luego serán cuatro; y si son cuatro, luego vendrán tres. Y aún nos permite que, si queremos armar un poco de lío, lo armemos, como lo hacen los monos, que al fin y al cabo lo hacen por divertirse. Bien saben ellos que todo va a ser lo mismo, pero se levantan con aparente enfado, arman su comedia, escuchan al hombre y vuelven a mostrarse satisfechos al ver que le han hecho discurrir al dueño para decir lo mismo de manera distinta (que a eso se reducen todos los arreglos humanos). Y, una vez representada con éxito la comedia, vuelven a comer castañas con buen apetito, toquen las que toquen. Ni siquiera se van a molestar en contarlas.

Mientras tanto, el filósofo ambulante que ha contado el cuento se ha recostado suavemente contra el tronco del árbol bajo el cual estaba sentado, y se ha quedado dormido en su inocencia, totalmente indiferente (o en *samabhava*, o «vacío de deseos») ante lo que nosotros hagamos o dejemos de hacer con su cuento. El sólo quería hacernos pasar un buen rato, y lo ha conseguido. Nosotros, probablemente, seguiremos contando castañas.

La piel de tigre

Un cordero tenía miedo de los lobos y no podía
vivir tranquilo mientras no encontrase
un medio de protegerse de ellos.
Por fin se le ocurrió una idea.
Consiguió la piel de un tigre muerto
y se cubrió con ella. Ahora se sentía seguro,
y comenzó a andar con paso firme y a pastar
sin preocupación alguna en los verdes campos.

De repente, un día, mientras pastaba
vio a un lobo de lejos que se acercaba hacia él
y se echó a temblar como una hoja. Se había
olvidado de que llevaba la piel de tigre (Fa Yen).

Llevamos piel de tigre. Pero nos olvidamos. Nos cae por fuera. No nos cambia por dentro, o afecta nuestra conducta, no influye en nuestra vida. Tenemos creencias suficientes para darnos firmeza en la adversidad, claridad en las dudas, alegrías en la vida; y, sin embargo, andamos preocupados y perplejos y tristes. Temblamos como una hoja en cuanto asoma el lobo. Lo que hace falta es corazón de tigre y garras y fuerza; sentir por dentro el valor y la firmeza para rugir y avanzar y dominar cualquier situación. Con ponernos la piel de tigre por encima no sacamos nada. Hay que creer de verdad.

El rumor repetido

Una vez, cuando Dseng Shen fue al distrito de Fei,
un hombre de su mismo nombre
cometió un asesinato.
Alguien se fue a decirle a la madre de Dseng Shen:
«Dseng Shen ha asesinado a un hombre».
«Imposible», contestó, «mi hijo jamás haría
tal cosa». Y tranquilamente siguió tejiendo.

Poco después, alguien más vino a comentar:
«Dseng Shen mató a un hombre».
La anciana continuó tejiendo.
Entonces llegó un tercer hombre e insistió:
«Dseng Shen ha matado a un hombre».
Esta vez la madre se asustó. Arrojó la lanzadera
y escapó, saltando la tapia. A pesar de que
Dseng Shen era un buen hombre y su madre
confiaba en él, cuando tres hombres le acusaron
de asesinato, aun queriéndolo tanto, su madre
no pudo evitar dudar de él (Yang Siung).

¿Qué será cuando, no tres hombres, sino cientos nos repitan lo mismo? Pueden hacernos dudar de cualquier cosa. Y también pueden hacernos creer cualquier cosa. No hay que apresurarse a saltar la tapia. Vale más seguir tejiendo. Pronto volverá el hijo inocente a casa y se deshará el malentendido. Puede haber muchos que se llaman Dseng Shen.

La risa del ciego

Chao Nan-Sing era un intelectual en los tiempos de la decadencia de la dinastía Ming, que al ser desplazado y arrinconado por cortesanos influyentes se refugió en sus escritos para delatar en forma de fábulas los abusos del gobierno. Así publicó el *Elogio de la risa*, en el que viene la siguiente historia.

Un ciego estaba sentado en medio de un grupo
de personas. De pronto todos se echaron a reír,
y el ciego los imitó.
«¿Qué has visto para reír de esa manera?»
le preguntó alguien.
«Puesto que todos ríen, es porque con seguridad
se trata de algo gracioso», contestó el ciego.
«No habrán pretendido engañarme, ¿verdad?».

No sólo los ciegos se ríen cuando otros ríen. Muchos más lo hacen para que la gente no se crea que no han entendido el chiste. A veces incluso todos se ríen, y nadie sabe por qué. Nadie ha entendido el chiste. Pero alguien se ha adelantado a reírse, y todos lo siguen. Hay que reírse para parecer inteligente. Hay que asentir aunque no se sepa lo que se dice. Hay que seguir al grupo para poder pertenecer al grupo. Aunque el chiste no tenga gracia.

Eso es lo que el ciego había visto, sin tener ojos, y por eso se reía.

El tigre y el mono

El tití es un monito trepador,
con uñas muy alargadas.
Un tigre que sentía picazones en el cráneo
le pidió a un tití que le rascara la cabeza.
Tanto rascó que el tití hizo un pequeño hoyo
en el cráneo del tigre, pero éste no se dio cuenta,
encantado del bienestar
que esta operación le causaba.
El tití empezó a comerse los sesos del tigre
sin que éste notara nada. El tigre lo declaró
su fiel y devoto amigo, y cada vez iba encontrando
más placer en tenerlo junto a él.

Cuando ya no quedó nada
en la caja craneana del tigre,
éste fue presa de violentos dolores de cabeza.
Quiso castigar al pérfido, pero el tití
ya se había refugiado en la copa de un árbol.
El tigre rugió, dio un salto y murió (Tan Kai).

Lección: no te dejes comer el coco.

El ladrón considerado

En la ciudad de Dingchou
había un ladrón de pollos
que robaba cada día un pollo en la vecindad.
Sus amigos se lo reprochaban,
y por fin lograron convencerle
de que lo que hacía estaba mal.
El decidió enmendarse y dijo a sus amigos:
«Tenéis razón. Lo que hago está mal hecho;
de ahora en adelante ya no lo haré más.
En vez de robar un pollo cada día,
robaré un día sí y otro no».

Así son muchos de los propósitos que hacemos. Medias tintas. Un día sí y otro no. Una vela a Dios y otra al diablo. No siempre lo decimos así, pero ésa es la realidad. Ni dejarlo del todo ni hacerlo del todo. Mitad y mitad. Claro que no vamos a robar un pollo todos los días. Es demasiado, a todas luces. Ante todo, moderación y consideración. Hay que satisfacer a los que nos aconsejan bien. Se acabó el robo diario. Pero de alguna manera hay que vivir. Ya es bastante sacrificio tener que hacer durar a un pollo dos días. Esperamos que todos aprecien nuestro gesto. Seguir con nuestro vicio y conseguir, además, el respeto de la sociedad. De eso se trata. No vamos a cambiar radicalmente. Un ladrón de pollos es un ladrón de pollos. Y lo será toda la vida. Pero sabe cómo comportarse para respetar a todos y que lo respeten. Encuentra la solución feliz. Y sigue robando pollos.

¿Cuáles son nuestros pollos?

Enseñar a nadar

Un hombre iba caminando por la orilla del río,
cuando vio a alguien que estaba a punto
de arrojar a un niño pequeño al agua.
El niño gritaba aterrorizado.
«¿Por qué quiere lanzar esa criatura al río?»
preguntó el paseante.
«Su padre es un buen nadador»,
fue la respuesta (Llui Bu-Wei).

El esfuerzo por la liberación es estrictamente personal e intransferible. Hay gente, sobre todo en el Oriente, que nos dice que basta con acudir a un guru y jurarle fidelidad para lograr la salvación. Basta con someterse, basta con entregarse, basta con obedecer. El guru sabe, el guru obra, el guru ha llegado ya adonde hay que llegar, y arrastrará consigo, como la máquina de tren arrastra los vagones, a todo aquel que le sea fiel. El guru es un gran nadador. No te preocupes.

No me preocupo. Pero si yo no sé nadar y me tiran a la corriente del río y me dejan solo, me ahogo.

El verdadero guru es el que enseña a nadar.

La bayeta

Una experiencia aleccionadora de Zenkei Shibayama. (*Las flores no hablan,* Editorial Eyrás, Madrid, 1989, p. 182).

Lo que sigue me ocurrió durante los días
de mi instrucción en el Monasterio Nanzenji.
Cerca del Monasterio estaba la casa particular
de Bukai Roshi, que la había alquilado
hacía algún tiempo.
Antes de ocuparla, mi Maestro, Bukai Roshi,
me pidió que fuese a limpiarla.

Los anteriores inquilinos habían dejado la casa
en condiciones terribles.
Me las arreglé para limpiar las habitaciones;
pero, cuando llegué al lavabo,
la cosa fue incluso peor. Además era un día
de agosto en que hacía un calor insoportable,
y yo me quedé dudando.
Sin darme cuenta mi actitud era algo así
como si hubiese de tocar algo espantoso.

Pero, sin yo notarlo, mi maestro Bukai Roshi
estaba detrás de mí. Se descalzó,
se recogió la ropa
y, sin decirme una palabra, me apartó,
quitándome la bayeta que tenía en la mano,
y empezó a limpiar el lavabo.
Por un momento me quedé atónito.
Pero en seguida fui hacia él, le cogí la bayeta
y empecé a frotar el lavabo,
olvidándome de mí mismo.
Roshi, mirándome por un momento,
dijo calmadamente:
«Teniendo una bayeta en tu mano,
aún no eres capaz de ser uno con ella,
sintiéndote turbado por lo sucio y lo limpio.
¿No te averguenzas de tu entrenamiento?».
Nunca se me olvidará lo avergonzado que quedé
al oír estas palabras.

La lección importante de este incidente está en las palabras del maestro: «Ser uno con la bayeta». Identificarse uno con lo que hace. Romper fronteras. Evitar juicios. No considerar lo que hago o lo que toco como algo extraño a mí, como algo fuera de mí que me agrada o desagrada, me parece sucio o limpio, me atrae o me da asco. Las divisiones crean oposición, y la oposición engendra sufrimiento. Eso vale de acontecimientos, de personas, de objetos y, claro está, de bayetas. Si considero la bayeta como algo hostil dedicado a una labor molesta, creo en mí la repugnancia y se me rebelan el cuerpo y la mente. En cambio, puedo considerarla como una extensión de mí mismo, de mi mano que se ayuda de ella para extender su eficacia.

¿No decimos eso de la pluma de un escritor o del pincel de un pintor o del cincel de un escultor? Son instrumentos queridos que se pliegan a la mano del artista y obedecen a su imaginación casi como parte de su cuerpo. Y nace la obra de arte. ¿No podemos decir lo mismo de la humilde bayeta, que hasta se pliega a la mano con mayor cariño y facilita su trabajo? Todo trabajo es noble, sea cincelar estatuas o fregar suelos. Todo instrumento es digno. Todo objeto es extensión de mí mismo. En considerarlo así está la alegría del trabajo.

A la bayeta no le importa fregar suelos. Si yo soy «uno con ella», tampoco me importará a mí. Más aún, la bayeta disfruta fregando suelos, porque para eso está; y si yo me identificara gozosamente con ella en el rato que me toca usarla, también disfrutaría yo. Se acabarían las molestias y las protestas. ¿Por qué he de estar yo limpiando suelos cuando otros se divierten bailando? Con eso no hago más que amargarme el trabajo. Que se identifique el bailarín con su baile, y el limpiador con su limpieza. También el bailarín puede quejarse de que le ha tocado bailar con quien no quiere, o que no le apetece en aquel momento, o que está cansado y querría marcharse, pero no puede. El objeto en sí es indiferente. Lo que importa es la actitud. Y la actitud que ayuda y que salva es hacer lo que hay que hacer, con entrega sincera a lo que se hace; identificarse con la pareja de baile o con la bayeta de fregona.

No se trata aquí de resolver problemas sociales, de nivelar desigualdades y acabar con injusticias. Todo eso hay que hacerlo, y hay que luchar y hay que trabajar por un mundo más justo. De lo que se trata es de vivir de la mejor manera posible en las situaciones en que hemos de vivir, de evitar roces penosos e inútiles, de tomar la vida como viene, quitar hierro a las circunstancias desagradables y nivelar nuestras reacciones. Identificarnos con todo lo que hacemos es camino de paz.

Shibayama saca la siguiente conclusión de su propia experiencia: *es decir, debemos ser uno con la situación, trascendiendo todas las restricciones. Siendo felices cuando estemos contentos, tristes si estamos tristes, o sentados si estamos sentados, debemos ser uno con nuestra situación, en ese preciso momento y en ese preciso lugar. Ahí es donde reside la auténtica disciplina.* Sublime lección para sacar de una simple bayeta.

No puedo evitar un último comentario travieso. El maestro consiguió hacer que el discípulo limpiara el baño y se libró de hacerlo él mismo. ¡Buen pillo estaba hecho!

¡Que no muera la paloma!

Zenkei Shibayama, a quien acabo de citar, y que era abad del monasterio Nazenji en Kyoto, cita varias veces en sus obras la siguiente parábola con gran sentimiento por los sufrimientos de la humanidad y compasión íntima por su dolor (*Op. cit.* pp. 136, 200).

Una delicada paloma se dio cuenta en una ocasión
de un fuego de montaña que hacía
arder muchas millas cuadradas de bosque.
La paloma quiso extinguir
aquella terrible conflagración,
pero no había nada que pudiese hacer un pequeño
y delicado pájaro. Dándose cuenta de que no podía
hacer nada para arreglar la situación,
el ave, empero no permaneció quieta.
Con una irreprimible compasión
empezó a volar desde el fuego hasta un lago
que había lejos, desde el que transportaba
unas cuantas gotas de agua en su pico cada vez.

Antes de que pasase mucho tiempo,
las energías abandonaron a la paloma,
que cayó muerta al suelo
sin haber alcanzado ningún resultado tangible.

Con mi mayor respeto al genial autor, pero yo no habría matado a la paloma. Yo la habría dejado volar mientras pudiera en su misión compasiva hacia el bosque, los animales, la naturaleza. Y la habría dejado descansar también antes de agotarse, para seguir cuando recobrara fuerzas con sus vuelos bienhechores en esa tarea o en otra. No hace falta que muera. No hace falta que demos la vida por todas las causas en el mundo que merecen sacrificio. Lo importante es que trabajemos, que volemos, que llevemos agua en el pico, aunque sólo sea unas gotas, para apagar incendios y calmar sedes y dar esperanza a quienes la han perdido. Lo importante es ser paloma cuando no faltan incendios.

La enseñanza central de la parábola, que casi se pierde de vista con la pena por la muerte de la paloma, es que hay que seguir haciendo todo lo que podamos hacer «aunque no se alcance ningún resultado tangible». Ya sabemos que no podemos apagar el incendio. Pero no por eso debemos cruzarnos de brazos y dejar que arda el bosque. Hemos de contribuir con nuestra gota de agua. ¿Para qué, si no ha de servir de nada? Sí que sirve de algo. Sirve para decir que hay alguien a quien le importa que se queme el bosque; sirve para hablar cuando todos callan; sirve para crear opinión y despertar conciencias; sirve para dar testimonio ante todos los que ven el vuelo blanco de la paloma compasiva sobre el rojo resplandor de las llamas.

Y sirve, más que nada, para desprendernos nosotros de esa necesidad compulsiva de obtener «resultados tangibles» para creer que nuestro trabajo es válido y nuestra vida merece la pena. Aprendamos a trabajar aunque no consigamos nada, a testimoniar aunque nadie nos haga caso, a llevar agua aunque no apaguemos el incendio. Aprendamos a cumplir con nuestro deber sin medir nuestra jornada por sus resultados. No podemos apagar incendios. No podemos solucionar los problemas del mundo. No podemos «conseguir» nada. Pero sí podemos vivir, podemos volar, podemos tener fe y mostrar confianza, podemos levantar la mirada y afirmar la esperanza.

Por eso no quiero que muera la paloma. Que siga viviendo para acudir a otros incendios, para atraer otras miradas, para enseñar a otros corazones. Mientras las palomas sigan cruzando la vida del hombre, habrá esperanza sobre la tierra.

¿Cuánto me falta?

Un asceta hindú había pasado toda su vida
haciendo penitencia para reducir la carga
de sus malas acciones pasadas y acelerar
el ciclo de reencarnaciones que le faltaban
para alcanzar la liberación final.
Se consideran casi innumerables
las reencarnaciones sucesivas
por las que hay que pasar antes de
la iluminación definitiva, y el santo asceta pensó
que ya no deberían faltarle muchas
y sintió curiosidad por saber cuántas eran.
Le pidió, pues, a Dios que, en virtud de los méritos
que había adquirido con sus penitencias,
tuviera a bien revelarle
cuántas reencarnaciones le faltaban aún.

Dios tuvo a bien contestarle, y le dijo:
«Mira el árbol bajo el cual estás sentado».
Era un árbol gigantesco y frondoso sobre manera,

y el asceta contempló su extendido
y apretado follaje.
Dios continuó: «Pues bien,
te quedan tantas reencarnaciones
como hojas tiene este árbol».

El asceta, al oír la respuesta se puso a saltar
de gozo y gritó de alegría:
«¿Cómo? ¿Sólo ésas?».

Al instante cayeron todas las hojas del árbol,
ni una sola de ellas quedó sobre sus ramas
y en ese mismo momento el santo asceta
alcanzó la iluminación.

«Los sufrimientos de esta vida no son nada comparados con la gloria que se revelará en nosotros» (Rm 8, 18).

El animal de las dilaciones

Se cuenta que Alejandro Magno,
en una de sus campañas guerreras, se encontró
con Diógenes, que tomaba el sol tranquilo
y medio desnudo a la orilla de un río.
Alejandro, que no en vano había tenido
como tutor al mismo Aristóteles
y respetaba y secretamente
envidiaba la sabiduría,
había oído hablar de Diógenes,
el filósofo que vivía en un tonel,
y aprovechó la ocasión
para acercarse a él en persona
y conversar con él humildemente,
volviendo a ser por un rato discípulo
en medio de su gloria militar.
Con todo, no podía hacer
esperar mucho tiempo a sus tropas,
y al fin hubo de despedirse del filósofo.
Tal fue la impresión que aquella breve

conversación le había causado,
que el conquistador de mundos
dijo al sabio del tonel:
«Me marcho, pues he de continuar
con mis hazañas para la historia.

Pero desde ahora
ruego a los cielos que en la vida que me toque
vivir en mi próxima encarnación
no sea yo Alejandro, sino Diógenes».

Diógenes contestó: «¿Y a qué esperar para ello
a tu próxima encarnación?
Puedes serlo desde ahora si así lo deseas.
El río es amplio, y el sol no escatima sus rayos.
Hay sitio de sobra por aquí para otro tonel».
Y volvió a tumbarse al sol,
mientras Alejandro montaba en su caballo.

La creencia en la transmigración de las almas, generalizada en el Oriente, puede ser muy útil. Siempre habrá otra vida. Siempre habrá otra oportunidad. Hay tiempo para todo. Hay tiempo para ser Alejandro y tiempo para ser Diógenes. Seamos, pues, Alejandros con toda tranquilidad, conquistando imperios y escribiendo historia, y ya tendremos todo el tiempo que queramos para ser Diógenes, o al menos tenemos el consuelo de pensar que lo seremos, aunque de hecho nunca haya de darse otra oportunidad. Es muy cómodo creer en la serie de reencarnaciones, pues así siempre queda tiempo de hacer en la próxima lo que hayamos dejado de hacer en ésta. Lo malo es que la oportunidad no llega. Alejandro se queda en Alejandro. No llega al tonel.

De las muchas definiciones que se han dado del hombre para diferenciarlo de los demás animales, una, crítica y aguda, es: el hombre es el animal de las dilaciones. Difiere, aplaza, posterga. Ese es el hombre. Los demás animales actúan al momento, reaccionan al instante. Andan cuando quieren andar, y descansan cuando quieren descansar. Viven al día, viven al momento en el mejor sentido de la expresión. Hombres y mujeres, al contrario, piensan que deberían darse un merecido y necesitado descanso, pero deciden que lo harán más adelante, y siguen trabajando; o, al contrario, saben que deberían trabajar, pero deciden que ya lo harán más adelante, y siguen descansando cuando, por su propio bien, no debieran. El arte de cambiar de sitio las cosas. Querer ser Diógenes cuando se es Alejandro, pero seguir siendo Alejandro. Querer cambiar, decidir mejorar, anhelar liberarse, lanzarse a volar..., pero dejarlo para la próxima encarnación. Con una plegaria a los dioses se arregla todo. Acallar la conciencia y seguir con las conquistas. Y la visita a Diógenes —¿y quién no ha visitado a Diógenes en su vida? — resulta inútil.

En la práctica, mucha gente parece creer en la reencarnación. Y no solamente en el Oriente.

Decídmelo despacito

Esta bella y delicada narración, muy popular en círculos sufíes, la recoge Idries Shah en su libro *«Cuentos de los derviches»* según la versión de Awad Afifi el Tunecino, que murió en 1870.

Un río, desde sus orígenes en lejanas montañas,
después de pasar
a través de toda clase de campiñas
al fin alcanzó las arenas del desierto.
Del mismo modo que había sorteado
todos los otros obstáculos,
el río trató de atravesar este último,
pero se dio cuenta de que sus aguas desaparecían
en las arenas tan pronto llegaban a éstas.

Estaba convencido, no obstante
de que su destino era cruzar este desierto;
y, sin embargo, no había manera.
Entonces una recóndita voz que venía
desde el desierto mismo, le susurró:

«El viento cruza el desierto,
y así puede hacerlo el río».

El río objetó que se estaba
estrellando contra las arenas,
y solamente conseguía ser absorbido;
que el viento podía volar, y ésa era
la razón por la cual podía cruzar el desierto.

«Arrojándote con violencia
como lo vienes haciendo,
no lograrás cruzarlo.
Desaparecerás, o te convertirás en un pantano.
Debes permitir que el viento
te lleve hacia tu destino».

¿Pero cómo podría esto suceder?
«Consintiendo en ser absorbido por el viento».

Esta idea no era aceptable para el río.
Después de todo,
él nunca había sido absorbido antes.
No quería perder su individualidad.
«Y, una vez perdida ésta, ¿cómo puede uno saber
si podrá recuperarla alguna vez?».

«El viento», dijeron las arenas,
«cumple esta función. Eleva el agua,
la transporta sobre el desierto y luego la deja caer.
Cayendo como lluvia,
el agua nuevamente se vuelve río».

«¿Cómo puedo saber que esto es verdad?».

«Así es; y, si tú no lo crees, no te volverás
más que un pantano, y aun eso tomaría muchos,

pero muchos años; y un pantano ciertamente
no es la misma cosa que un río».

«¿Pero no puedo seguir siendo
el mismo río que ahora soy?».

«Tú no puedes en ningún caso permanecer así»,
continuó la voz. «Tu parte esencial
es transportada y forma un río nuevamente.
Eres llamado así, aún hoy, porque no sabes
qué parte tuya es la esencial».

Cuando oyó esto, ciertos ecos comenzaron
a resonar en los pensamientos del río.
Vagamente recordó un estado en el cual él,
o una parte de él, ¿cual sería?,
había sido transportado en los brazos del viento.
También recordó —¿o le pareció?— que eso era
lo que realmente debía hacer,
aun cuando no fuera lo más obvio.

Y el río elevó sus vapores en los acogedores
brazos del viento, que gentil y fácilmente lo llevó
hacia arriba y a lo lejos, dejándolo caer
suavemente tan pronto hubieron alcanzado la cima
de una montaña, muchas,
pero muchas millas más lejos.
Y porque había tenido sus dudas,
el río pudo recordar
y registrar más firmemente en su mente
los detalles de la experiencia. Reflexionó:
«Sí, ahora conozco mi verdadera identidad».

El río estaba aprendiendo, pero las arenas
susurraron: «Nosotras lo sabíamos,

porque vemos suceder esto
día tras día, y porque nosotras,
las arenas, nos extendemos por todo el camino
que va desde las orillas del río hasta la montaña».

Y es por eso por lo que se dice que el camino
por el que el río de la vida ha de continuar
su travesía está escrito en las arenas.

Cuando nos hablan de negarnos a nosotros mismos, de morir a nosotros mismos, de renunciar a todo lo que tenemos y a todo lo que somos, de sacrificar el yo como último y definitivo sacrificio, es bueno que nos hablen con suavidad y delicadeza, porque duele. Duele el dejarse, duele el disminuirse, duele el disolverse. Le duele al río y nos duele a nosotros. ¿Qué será de mí, si dejo de ser yo? ¿Qué será de un río sin agua, sin cauce, sin orillas? ¿Quién me asegura que volveré a nacer? ¿Qué me espera más allá del desierto? Argumentos no me van a convencer. Pero una poesía, una rima, una metáfora, una parábola me pueden ayudar con el toque amigo de una insinuación discreta.

El cuento de las arenas incluso me atrae con el encanto certero de su profunda sencillez. Sé que es verdad. Sé que las arenas tienen razón. Ellas son testigos permanentes de la transformación de las aguas, las han visto subir hasta deshacerse en las alturas, y bajar luego hasta volver a formar corriente viva con ambición de mar. Pero el río no sabe todo eso. El río sólo ve que se acaba su cauce, que baja su nivel, que lo tragan las arenas. Todo lo que él sabe de sí mismo llega a su fin, y un instinto esencial de conservación le hace oponerse a la destrucción aparente. Las arenas entienden su miedo, y por eso no arguyen, no se dan prisa, no se enfadan. Le hablan despacio, de cerca, con cariño, para inspirarle confianza y suavizar el trance. Y el río, por fin, lo entiende, se dispone, se entrega. ¡Feliz momento en que el río se hace nube y empieza a volar!

Sé que para cruzar el desierto tengo que dejar de ser río. Decídmelo despacito, que me da miedo volar.

Cirugía plástica

Un hombre muy feo vivía más o menos resignado
a su fealdad, cuando comenzó a enterarse
de los avances de la cirugía plástica,
y concibió la posibilidad de mejorar su rostro.
Para entonces había reunido también
una suficiente suma de dinero, y podía permitirse
el lujo de una larga ausencia; así es que,
tras los trámites iniciales, se fue a América,
donde ingresó en una clínica de cirugía plástica
y se puso en manos de expertos cirujanos
para todo el tiempo que hiciera falta
hasta conseguir un estético resultado.

Los cirujanos lo consiguieron, y al final
de las numerosas y laboriosas intervenciones,
el hombre tenía un rostro modelo,
como si hubiera salido
de un taller de escultura griego.
Eso le produjo gran satisfacción y, sobre todo,

la alegría de volver a su tierra
y pasear su bello rostro entre todos aquellos
que habían conocido su fealdad.

Sólo hubo un problema, y es que la transformación
había sido tan perfecta que nadie
lo reconoció, con lo cual se vio privado
del gozo de sorprenderlos con su belleza.

Por favor, no cambies tanto que no te reconozcamos de vuelta. Déjate algún defectillo que se te note.

Labor de ganchillo

Estoy escribiendo este libro, y a mi lado
mi madre, con sus noventa y seis años,
está haciendo ganchillo, trenzando
con blanca paciencia el hilo uniforme
en trama repetidamente complicada
que va saliendo de sus dedos línea a línea,
con simetría infalible de cultivar artesanía.
Sus ojos, que ya no ven mucho, adivinan las idas
y venidas del hilo entre sus dedos; su memoria,
que ya le falla a veces en nombres
y fechas y rostros,
le dicta aquí sin titubear la secuencia nunca escrita
y siempre recordada de los rápidos movimientos
del jeroglífico textil; sus manos, penosamente
torneadas por la artritis de los años,
dirigen firmes la trayectoria de plata
del ágil ganchillo.
Y poco a poco van doblándose sobre sus rodillas
los pliegues generosos de aire limpio
apresado en trenzas de algodón.
Obra de arte en taller doméstico
de anónima alcurnia.

Yo paro mi máquina de escribir por un momento
y le pregunto:
«¿Qué es eso que estás haciendo, madre?».
Ella, sin levantar los ojos de la labor
y sin interrumpir ni un momento
la marcha de los dedos, contesta:
«Una colcha, hijo mío».
«¿Para quién es?» pregunto.
«Para mi última nieta», responde.
Yo sé que una colcha a ganchillo
lleva mucho trabajo,
pero también sé que ya ha hecho otras,
y que calcula, tira a tira,
las dimensiones que ha de cubrir,
y al final queda una obra perfecta e igualada,
por grande que sea.
Piensa en la familia mientras las hace,
y siempre se acuerda de todos para irles
hacer llegando a todos el cariño hilado
de su ternura materna.
Después me dice pensativa: «No sé si llegaré
a acabarla, pero al menos yo así me entretengo
y paso el día. No sé qué haría
si no pudiera trabajar».
Y sigue trabajando.

Yo entonces pienso para mis adentros: bendito el día en que mi madre aprendió el ganchillo. No adivinaba ella entonces la compañía que había de hacerle en su ancianidad. Así se distrae en la soledad del largo día, se entretiene con la querida tarea, se siente útil y unida a la familia a la que va destinado su trabajo. Y al mismo tiempo lo toma con paz y sosiego, pues no tiene cupo que llenar ni fecha en que acabar; y sabe que, si no lo acaba, quedará de todos modos el recuerdo y la voluntad del último trabajo. Por eso cada punto lleva alegría, y la colcha entera es lección de vida en dedicación concentrada y tranquilidad ecuánime. Trabajo de amor que alivia a quien lo hace.

Sigo pensando. La colcha como tal no importa. Ni ella misma lleva la cuenta de cuántas ha hecho ni cuántas hará. Tampoco importa que la termine o no. Lo importante es trabajar en ella, distraer la mente, llenar el día. Quizá ni la nieta se entere si la colcha no se acaba y no le llega nunca. Pero, aun así, la colcha habrá cumplido su cometido. Ha ayudado a pasar días monótonos de ancianidad valiente. Eso le da su valor.

Vuelvo a mi trabajo, a escribir a máquina.
Estoy escribiendo un libro.
Un libro que —me dicen, y por dentro me lo creo—
será bastante leído, hará bien a sus lectores,
durará algunos años en librerías y bibliotecas
y contribuirá de alguna manera
a orientar a algunos,
iluminar a otros, animar a todos.
Es este libro en el que he trabajado con ilusión
y entrega, hasta llegar a considerarlo
de cierta importancia dentro de mi trabajo.
Quiero acabarlo y publicarlo
y verlo en manos de amigos
y saberlo en manos de lectores y críticos,
y sentir a satisfacción de haber concluido
una tarea digna.
Ha sido un trabajo serio.

Y ahora, en un momento,
vuelvo a mirar a mi madre
y a mí mismo, a su ganchillo
y a mi máquina de escribir,
a su trabajo y al mío, y una luz
extrañamente reveladora ilumina mi mente.
Yo creía que mi trabajo era importante,
y el de mi madre, en sí, no lo era.
¿Qué importa una colcha más o menos?
En cambio, un libro más,
este libro que estoy acabando,
podía ser importante en su mensaje y en su fruto.
Pero ahora me sonrío a mí mismo al ver
con súbita liberación interior que mi libro
es una colcha más.
¿Qué importa que lo acabe o no?
¿Qué importa que se publique y se lea o no?
El mundo seguirá igual, y mis lectores seguirán
su vida como siempre la han seguido.
En el fondo, yo también escribo para distraerme,
para pasar el rato, para llenar el día.
Yo no sé hacer ganchillo,
pero sé escribir a máquina,
y de eso me aprovecho. Y eso es todo,
y lo veo con claridad redentora.
¿Qué importa un libro más o menos?
¿Qué importan todos mis libros?
Juguemos a escribir. Desaparece con eso
—y bien desaparecida está—
la seriedad de la tarea,
la responsabilidad de la empresa,
la urgencia del mensaje, la gravedad de la misión.
Hagamos ganchillo. Aún quedan nietos sin colcha.

Buena excusa para seguir trabajando, para hacer
como que hacemos algo, y hacerlo, sí,
con consagración real pero con libertad absoluta.
Conscientes de que la colcha puede quedar
sin acabar, y no se ha perdido nada.
Da gusto escribir un libro así. A ratos. Sin prisa.
Sin obligación. Da gusto vivir así.

Con las manos ocupadas y con el corazón libre.
Trabajar, sí, con alegría e ilusión, pero sin complejos atropellados de pretender redimir el mundo entero con mis trabajos. Una colcha más para otra nieta. Alegría en la familia y entretenimiento en la vejez. El testimonio valioso de amar la vida y utilizar el tiempo y saber valorar el trabajo sencillo que a cada edad conviene. Y el desprendimiento espontáneo de saber que el trabajo puede dejarse en cualquier momento sin dificultad alguna. El valor de nuestra vida
no depende del número de colchas que hagamos.

Miro a mi madre pensando decirle todo esto, pero no hace falta. Ella lo sabe. Ella lo hace. Ella lo ha hecho siempre así, trabajando sin cesar en una cosa u otra, y dispuesta a dejarla cuando veía que ya no le tocaba a ella hacerlo. Ella me ha enseñado la lección sin decirla, me ha mostrado el camino con andarlo ella misma. Sencillez de vida en labor hacendosa. Aplicación sin pretensiones. Hacer lo que sabemos, sin angustiarnos por lo que no podemos. Obrar y esperar. Caminar y respirar. Vivir y disfrutar. ¿No es ésa la mejor manera de preparar la vida en la Ciudad de Dios?

Se acabó el libro. Una colcha más. Puede descansar un rato el ganchillo.

Indice

TALLER SAN PABLO
SANTAFE DE BOGOTA, D.C.
IMPRESO EN COLOMBIA — PRINTED IN COLOMBIA